Agustín Moreto y Cabaña

# Antíoco y Seleuco

Barcelona **2024**
Linkgua-ediciones.com

## Créditos

Título original: Antíoco y Seleuco.

© 2024, Red ediciones S.L.

e-mail: info@linkgua.com

Diseño de cubierta: Michel Mallard

ISBN rústica: 978-84-9816-836-5.
ISBN ebook: 978-84-9897-118-7.

Cualquier forma de reproducción, distribución, comunicación pública o transformación de esta obra solo puede ser realizada con la autorización de sus titulares, salvo excepción prevista por la ley. Diríjase a CEDRO (Centro Español de Derechos Reprográficos, www.cedro.org) si necesita fotocopiar, escanear o hacer copias digitales de algún fragmento de esta obra.

# Sumario

**Créditos** _____ 4

**Brevísima presentación** _____ 7
   La vida _____ 7
   La historia _____ 7

**Personajes** _____ 8

**Jornada primera** _____ 9

**Jornada segunda** _____ 45

**Jornada tercera** _____ 83

**Libros a la carta** _____ 119

## Brevísima presentación

### La vida
Agustín Moreto y Cabaña. (Madrid, 1618-Toledo, 1669). España.
Sus padres eran italianos. Fue capellán del arzobispo de Toledo y tuvo una vida tranquila. Alcanzó una notable popularidad en los siglos XVII y XVIII. Escribió comedias de carácter religioso, tradición histórica y costumbres. La edición completa de sus obras se publicó en tres partes en los años 1654, 1676 y 1681.

### La historia
Aquí se relata la historia de los herederos de Seleuco II de la dinastía Seléucida, rey de Siria entre 247 adC y 226 adC.
Seleuco y Antíoco se sucedieron en el poder. El primero tuvo un reinado corto y murió envenenado por sus propios generales. Mientras que Antíoco reinó con el nombre de Antíoco III Megas (el Grande).

**Personajes**

Antíoco, príncipe
Luquete, gracioso
Estratónica, reina
Floreta, criada
Nicanor
Seleuco, rey de Siria
Astrea, dama
Erisístrato
Músicos

## Jornada primera

Suena ruido de tempestad y salen Antíoco y Luquete, de camino

Antíoco ¡Terrible tempestad, válgame el cielo!

Luquete ¡Sí hará, que todo se nos viene abajo!
A alguna claraboya de él apelo,
o a un pozo para echar por él abajo.

Antíoco Luquete.

Luquete ¿Gran señor?

Antíoco Toda mi gente 5
sin duda se ha perdido.

Luquete Nosotros, si ellos ya se han acogido,
seremos los perdidos solamente,
pues aquí el cielo, aunque nos coge lejos,
tratándonos está como abadejos. 10
Vive el cielo que, cuando considero
que, Antíoco, eres tú el hijo primero
de Seleuco —a quien Siria cedió el mando—,
y que aquí, como yo, te estás mojando
—y aun más, porque mi capa tosca y basta 15
algo más tarde el agua la contrasta
que la tuya, delgada y guarnecida—,
caigo en lo que son honras desta vida:
todo es mentir, a mi pobreza apelo,
que aquesta burda capa en que me fundo 20
tiene menos adorno para el mundo,
pero más resistencia para el cielo.

Antíoco            Dices verdad.

Luquete            ¡Y cómo que la digo!
La experiencia, señor, es fiel testigo.
¿Hay más que ver que al labrador sencillo      25
al Sol de julio, en la ardiente siesta,
azotando las mulas desde el trillo,
trinchar la parva de haces descompuesta
y, despreciando al Sol, amontonalla;
y cuando el aire corre, desnudalla      30
con la horca ganchosa contra el viento
que la ligera paja lleva a un lado
y del pesado grano, que hace asiento,
le deja un rubio pez amontonado,
sin que le ofenda el Sol, si no es que vea      35
que se va antes que acabe su tarea?
Pues, si al campo va un príncipe, seguido
de caballos, carrozas y criados,
de tantas atenciones asistido,
reverencias, lisonjas y cuidados,      40
¿atreverase a estar sin muchos miedos
un cuarto de hora al Sol? Que si dos credos
le da en la bola (cuando el colodrillo
no le taladre agudo un tabardillo,
porque fueron sus rayos más corteses)      45
tiene jaqueca para treinta meses.
Hártase un labrador, de regla falto,
de ajos, migas, pepinos y tomates,
y brinca treinta pies de solo un salto.
Tiembla un señor de aquestos disparates,      50
y solo por templanza da a su muela
pollas, capones y agua de canela;
y si pasa un arroyo algo arrojado,
del salto, a casa va desvencijado.

|  |  |  |
|---|---|---|
|  | ¡Ah, señor, que el ser pobre en esta vida es más riqueza y menos conocida! | 55 |
| Antíoco | Luquete, moral vienes. |  |
| Luquete | Heme hartado de moras hoy, y me han moralizado. |  |
| Antíoco | Deste monte al abrigo esperaremos al día. |  |
| Luquete | Aquí la noche pasaremos, aunque poco del agua defendidos. | 60 |
| Antíoco | Aquí es fuerza quedarnos detenidos, porque el término es éste señalado donde a la Reina he de encontrar. |  |
| Luquete | Que ha dado tu padre en ser marido, porque ya cincuenta años que ha vivido, de tres mujeres ha arrastrado el luto, y aún no de la tercera el llanto enjuto, se casa con la cuarta. Y si, como a las otras, ésta ensarta, lo ha de hacer con la quinta y la requinta, con que puede, si el naipe ansí le pinta, para cantar de todas los placeres hacer una guitarra de mujeres. Y por que en la alusión nada me muerdas, esto será porque ellas fueron cuerdas. | 65

70

75 |
| Antíoco | En ninguna elección mi padre ha sido más atento que en ésta, pues ha unido |  |

|  |  |  |
|---|---|---|
|  | con su poder el [de] Demetrio el Grande |  |
|  | para que el Asia mande; | 80 |
|  | pues, por que toda su valor la rija |  |
|  | casa con Estratónica, su hija, |  |
|  | con que será el señor más poderoso |  |
|  | del Imperio Oriental. |  |
| Luquete | ¿Pues más glorioso |  |
|  | casándote con ella no quedaba? | 85 |
|  | Pues el mismo trofeo en ti lograba |  |
|  | sin la desproporción de su edad vieja, |  |
|  | habiendo un mozo con que hacer pareja. |  |
| Antíoco | A mí me casa con mi prima Astrea. |  |
| (Aparte.) | (No quiera el cielo que mi amor lo vea, | 90 |
|  | que mi vida será desesperada. |  |
|  | ¡Ay, sombra de mi error idolatrada, |  |
|  | pues desde que el pincel te dio a mis ojos, |  |
|  | solo vivo de penas y de enojos!) |  |
|  | A Astrea, en fin, ya le ofreció mi mano, | 95 |
|  | que esto debe al ser hija de su hermano. |  |
| Luquete | ¿Y por qué por la Reina a ti te envía? |  |
| Antíoco | Por ver si acaso mi melancolía |  |
|  | viendo diversas tierras se divierte. |  |
| Luquete | Cuando la fama de la Reina acierte, | 100 |
|  | cuya hermosura iguala con su vuelo, |  |
|  | no te envía a ver tierra, sino cielo. |  |
| Antíoco | Por ver si es como dicen su hermosura, |  |
|  | nunca ver he querido su retrato. |  |

| | | |
|---|---|---|
| Luquete | Si lisonja no fue del pincel grato, | 105 |
| | en manos de tu padre su pintura | |
| | he visto. | |
| Antíoco | ¿Y sus facciones son tan bellas? | |
| Luquete | Con sus ojos, son hongos las estrellas. | |
| Nicanor (Dentro.) | ¡Hacia el monte guiad! | |
| Otros | ¡Por la ladera! | |
| Antíoco | Mas, ¿qué voces son éstas? | |
| Luquete | ¡Malo! | |
| Antíoco | Espera; | 110 |
| | ¿si es acaso mi gente | |
| | que me busca? | |
| Luquete | No es, porque de enfrente | |
| | viene el tropel que escucho, | |
| | que aunque yo no lo veo, suena a mucho. | |
| Nicanor (Dentro.) | Este abrigo tomemos hasta el día. | 115 |
| Luquete | ¿Quién serán? | |
| Antíoco | Que es la Reina he imaginado, | |
| | pues si esta noche aquí llegar debía, | |
| | y lo mismo que a mí les ha pasado, | |
| | como el caso es testigo, | |
| | fuerza es que tomen este mismo abrigo. | 120 |

| | |
|---|---|
| Luquete | ¡Tate, la Reina es! |
| Antíoco | ¿De qué lo infieres? |
| Luquete | Del mucho ruido que hacen las mujeres. |
| Antíoco | ¿En qué hacen ruido? |
| Luquete | Con sus pompas vanas,<br>y por eso andan ya como campanas. |
| Nicanor (Dentro.) | Aquí puede apearse Vuestra Alteza.      125 |
| Antíoco | La Reina es. |
| Luquete | ¿«Apearse» una belleza? |

(Salen la Reina y damas, de camino, y Nicanor y todos los criados que pudieren.)

| | |
|---|---|
| Nicanor | Aquí puede tu Alteza retirarse<br>hasta que llegue el cielo a serenarse<br>de tanta tempestad. |
| Reina | ¡Qué oscura noche! |
| Luquete | Yo solo por el ruido he visto el coche.      130 |
| Antíoco | Aquí, aunque no le encuentre con la vista,<br>tiene ya Vuestra Alteza quien la asista. |
| Reina | ¿Quién es? |
| Antíoco | Quien, como hijo venturoso, |

| | | |
|---|---|---|
| | de vuestra mano el triunfo generoso<br>a vuestros pies espera. | |
| Reina | Quién sois dudo. | 135 |
| Luquete (Aparte.) | (Manos y pies: entrada de menudo.) | |
| Antíoco | Antíoco soy, señora. | |
| Reina | Vuestra Alteza<br>llegue a mis brazos, pues, y la extrañeza<br>culpe a la oscuridad y al accidente,<br>que haber sobrevenido de repente<br>a entrambos nos disculpa. ¿Cómo viene<br>Vuestra Alteza? […] | 140 |
| Antíoco | De hallaros deseoso,<br>y de algún daño vuestro temeroso<br>con la noche. | |
| Reina | Ya en vos asegurada<br>buena vengo, aunque della fatigada. | 145 |
| Antíoco | El parabién le doy a mi deseo. | |
| Luquete (Aparte.) | (Pues ha bebido el cura, venga arreo.) | |
| Reina | ¿Y quién sois vos? | |
| Luquete | Quien por mayor indicio<br>en la taza del Rey tiene su oficio. | |
| Reina | ¿Pues sois vos su copero? | 150 |

| | |
|---|---|
| Luquete | Yo por la falda tomo mi sombrero, |
| | que no soy yo valiente de la sopa |
| | para andarle tomando por la copa. |
| Reina | ¿Pues qué sois? |
| Luquete | En su taza a mí me mete, |
| | porque es goloso y bebe con Luquete.             155 |
| Reina | Ya yo os conoceré de aquí adelante. |
| Luquete (Aparte.) | (Demonio sois, pues, cúbrome al instante.) |
| Nicanor | Mientras a buscar vamos el camino, |
| | por ver si hay algún pueblo aquí vecino, |
| | en este seno que este monte abriga             160 |
| | puede, con más reparo a la fatiga |
| | del temporal, estarse Vuestra Alteza. Vanse |
| Antíoco | Haced la diligencia con presteza. |
| | Y entre tanto, que albergue más decente |
| | os deja prevenir este accidente,             165 |
| | que la cavada gruta destas peñas |
| | allí os ofrecen sus confusas señas |
| | asiento. |
| Reina | Si a los dos no os le permite, |
| | mi deseo, señor, por vos le admite. |
| Antíoco | Ya los favores que espero             170 |
| | de vos, señora, recibo. |

Siéntanse los dos en unos asientos de peña fingida que habrá en el teatro y las damas en el suelo, y Luquete topa con Floreta.

| | | |
|---|---|---|
| Luquete | Vámonos todos sentando. | |
| Floreta | ¿Quién va? | |
| Luquete<br>(Aparte.) | Pregunte quedito.<br>(Sin duda es ésta la gula,<br>que tienta por los hocicos.)<br>¿Quién es Usía? | 175 |
| Floreta | Más bajo. | |
| Luquete | ¿Mondonga? | |
| Floreta | Más un poquito. | |
| Luquete | ¿Cámara? | |
| Floreta | No gasto ayudas. | |
| Luquete | No hay en palacio otro oficio<br>de dama; ¿eres sabandija<br>de hacia enanos o negrillos? | 180 |
| Floreta | Soy el placer de la Reina. | |
| Luquete | ¿Dama placer? Tal no he visto. | |
| Floreta | Digo que soy el placer. | |
| Luquete | ¿Te habrás acaso salido<br>de un auto sacramental?<br>Pero, según lo que has dicho,<br>mi profesión confiriendo | 185 |

|         |                                      |     |
|---------|--------------------------------------|-----|
| Floreta | conmigo frisas.<br>No friso.         |     |
| Luquete | Pues, ¿por qué?                      |     |
| Floreta | Porque yo tundo.                     | 190 |
| Luquete | Conmigo ocioso es tu oficio,<br>porque tengo poco pelo. | |
| Floreta | Ya veo que eres raído.               |     |
| Luquete | Como capa de fidalgo.<br>Y, dejando el apellido,<br>¿cómo es tu gracia? | 195 |
| Floreta | Floreta.                             |     |
| Luquete | ¿Cortada?                            |     |
| Floreta | Juguemos limpio:<br>¿y la tuya?      |     |
| Luquete | ¿Yo? Girada.                         |     |
| Floreta | ¡Buena va la danza!                  |     |
| Luquete | Envido<br>un poco de galanteo.       | 200 |
| Floreta | Mi resto; y demos principio.         |     |
| Luquete | Pues, tomémoslo de asiento,          |     |

|          |                                                                                                           |     |
|----------|-----------------------------------------------------------------------------------------------------------|-----|
|          | que yo he de quererte un siglo.                                                                           |     |
| Reina    | Muy cuidadosa me traen<br>de vuestro mal los avisos,<br>porque de melancolía<br>pasa ya, según me han dicho. | 205 |
| Antíoco  | Mi mal, señora, es tristeza.                                                                              |     |
| Reina    | Si tiene causa, es preciso<br>que ya no es melancolía.                                                    | 210 |
| Antíoco  | Y causa que en vuestro oído<br>tiene librado el remedio.                                                  |     |
| Reina    | Pues seguro es vuestro alivio;<br>decid, ¿en qué puedo yo<br>lograr la dicha que estimo<br>de poder daros remedio? | 215 |
| Antíoco  | Solo del silencio mío<br>saldrán para vos mis penas,<br>con la fianza que os pido<br>de que sea su sepulcro<br>vuestro pecho. | 220 |
| Reina    | Yo lo fío.                                                                                                |     |
| Antíoco  | Pues ya que vos me mandáis<br>lo que yo en vos solicito,<br>oíd, señora, la causa.                        |     |
| Reina    | Ya mi atención apercibo.                                                                                  | 225 |

Antíoco  El príncipe Ausonio, hermano
del Rey, mi padre, y mi tío,
compañero en sus victorias
fue de las más el caudillo.
Murió glorioso, quedando                    230
—porque no tuvo más hijos—
mi prima Astrea heredera
de sus glorias y su brío.
Viendo mi padre la deuda
de la sangre y los servicios                235
que en dilatar sus estados
debió a hermano tan amigo,
por cumplir la obligación
de su hermano y de sí mismo,
resolvió hacerla mi esposa                  240
a costa de mi martirio:
no porque este casamiento
fuese contra mi albedrío,
porque yo la miré siempre
sin aversión ni cariño;                     245
ni porque a mis ojos nunca
tuviese en talle o estilo
desproporción la hermosura,
u desaires el aliño;
ni sin amor la miraba,                      250
ni con él, que siempre ha habido
en dos que se crían juntos
un linaje de cariño,
que aunque es amar, no es querer,
que en el querer es preciso                 255
que haya deseo, y amores
sin deseo hay infinitos.
Y este amor, que en el querer
se hace del otro distinto,

es hijo de admiración, 260
porque cuantos han querido
es porque un sujeto vieron
donde hallaron por destino
una proporción igual
a su genio y sus sentidos 265
que nunca vieron en otro,
y esta admiración los hizo
entregar la voluntad.
Mas dos que siempre se han visto,
como incapaces están 270
desta admiración que digo:
aunque se aman, no se quieren,
que es efecto muy distinto
el quererse con deseo
o el amarse con cariño. 275
Yo, pues, con mi prima Astrea
en un estado indeciso,
ni de amar, ni aborrecer,
hallé siempre mi albedrío.
Hasta que un día a mi mano 280
acaso un retrato vino,
que guardó por su hermosura,
curioso, un criado mío.
Hallole entre los despojos
de una batalla perdido, 285
de dueño ignorado, siendo
también ignorado él mismo.
Puso el pincel a mis ojos
un rostro tan peregrino
que, aunque cabe en mi memoria, 290
no cabe en los labios míos.
Desde que vi este retrato,
aquel agrado indeciso

que tenía con mi prima
se trocó todo en desvío                    295
porque, como la miraba
como a estorbo de mi alivio,
luego mi temor la puso
la máscara de enemigo.
De secreto mi cuidado                      300
varias diligencias hizo,
remitiendo a varias partes
la copia deste prodigio,
por si acaso de su dueño
los ojos, o los oídos                      305
de los que andan varias tierras
me pudiesen dar indicio.
Mas todas fueron en vano,
y yo más inadvertido
que a un Sol de sombras cubierto           310
nadie pudo haberle visto.
Con quitarme la esperanza
llegué a perder el sentido
y cuanto perdí en razón
creció mi amor en delirio,                 315
que es el amor como el árbol
a quien quitan lo florido,
y cortándole las ramas
fortalecen su principio.
Tomaba el retrato a solas                  320
y hablando con él sin juicio,
del no responderme, ingrato
le argüía en el delito.
«Ojos hermosos, —decía—,
para matarme tan vivos,                    325
¿cómo no veis lo que lloro
si estáis mirando los míos?

Si mi fineza os merece
piedad, ¿por qué estáis esquivos?
Si no veis, ¿por qué miráis?  330
Si miráis, ¿cómo sois tibios?
Háblame, hermoso milagro,
que aunque sin alma te miro,
la que me has quitado a mí
puede servir este oficio.  335
Con la vida que me quitas,
ni tú vives, ni yo vivo;
si mi vida no aprovechas,
¿para qué has hecho el delicto?
Pero si yo te la he dado,  340
culparte es ciego delirio,
que no es en ti tiranía
lo que es en mí sacrificio.
Mas si te la di, agradece;
y si te falta el sentido,  345
háblame con este aliento
que te estoy dando en suspiros.
Y si no puedes, ¿qué espero?
¿Qué bien en ti solicito,
si eres capaz de mi daño  350
y incapaz del beneficio?
Pero el dolor de no hablarme
me envuelves en un alivio,
que aunque favor no me has hecho,
tampoco me has ofendido».  355
Lo ignorado de mi mal
despertó, con sus indicios,
en el amor de mi padre
más temor de mi peligro;
y no hallando en mi dolencia  360
más señas, ni más indicios

que de una melancolía
interpuesta en parasismos,
vieron que el mejor remedio
era que el tiempo remiso  365
hiciese en mi mal la cura
que suele hacer el olvido.
A un tiempo se suspendieron
mis bodas y mi peligro,
porque cesó la violencia,  370
pero no el incendio mío.
A este tiempo quiso el cielo,
o mi ventura lo quiso,
que lograse el Rey, mi padre,
el acierto de eligiros,  375
y hasta llegar a su corte,
para tan largo camino
el veniros a servir
fió del cuidado mío.
Viéndome yo en esta dicha,  380
y habiéndome ya traído
vuestra fama la noticia
del discurso peregrino
que os ilustra, les di luego
albricias a mis sentidos,  385
porque luego me ofreció
mi misma pena el arbitrio
de daros yo parte della,
pues vos podéis ser mi alivio.
Mi dolor, señora, es verme,  390
que, estando como os he dicho,
me manden dar a otro dueño
lo que no tengo por mío.
El alivio que yo espero
de vuestro ingenio divino  395

|  | es dilatarme esta muerte, |  |
|---|---|---|
|  | que aun temida, no resisto. |  |
|  | Vuestros prudentes halagos, |  |
|  | vuestros discretos cariños |  |
|  | podrán solo con mi padre | 400 |
|  | revocarme este peligro. |  |
|  | Suspéndase mi desdicha |  |
|  | hasta que el crüel destino |  |
|  | se temple en la tiranía |  |
|  | de su violencia conmigo. | 405 |
|  | O halle yo el dueño que adoro, |  |
|  | o se enmiende mi delirio, |  |
|  | o se acabe la esperanza |  |
|  | o me remedie el olvido, |  |
|  | o mi ceguedad conozca | 410 |
|  | ya no tener otro alivio, |  |
|  | o muera yo de infeliz, |  |
|  | que es el remedio más fijo. |  |
| Reina | Admirada os he escuchado, |  |
|  | y antes que os responda, os pido | 415 |
|  | que me digáis el retrato |  |
|  | dónde le tenéis. |  |
| Antíoco | Conmigo. |  |
| Reina | Lo que a admiración me mueve |  |
|  | no es el haberos rendido |  |
|  | a amar una copia muda, | 420 |
|  | cuando su sombra es preciso |  |
|  | que os refiera a la memoria |  |
|  | el sujeto peregrino |  |
|  | que ella os está retratando. |  |
|  | Y ya en el mundo se ha visto | 425 |

|   |   |   |
|---|---|---|
| | amor tan ciego y tan loco, | |
| | que bien a una estatua quiso | |
| | sin referirse a sujeto, | |
| | que es más bárbaro delirio, | |
| | pues contra naturaleza | 430 |
| | quiso bien a un mármol frío. | |
| | Lo que me admira es que traiga | |
| | vuestro corazón consigo | |
| | el alimento del daño | |
| | cuando ignoráis el camino | 435 |
| | del remedio, porque acaso, | |
| | pues no la habéis conocido, | |
| | puede ser muerta esa dama, | |
| | o casada, que es lo mismo; | |
| | y en no prevenir el daño | 440 |
| | igualáis el desatino | |
| | de querer bien a la estatua. | |
| | Y ahora por respuesta os digo | |
| | que en cuanto a vuestro temor | |
| | y solicitar su alivio, | 445 |
| | correrá tan por mi cuenta, | |
| | que al ver lo que solicito | |
| | penséis que vuestros cuidados | |
| | no son vuestros, sino míos; | |
| | mas esto ha de ser haciendo | 450 |
| | vos una cosa que os pido. | |
| Antíoco | ¿Qué, señora? | |
| Reina | Que me deis | |
| | a mí el retrato; no digo | |
| | para perderle, sino que | |
| | en el depósito mío | 455 |
| | le tenga vuestra pasión, | |

|  |  |  |
|---|---|---|
| | por no tener el peligro | |
| | de fomentar vuestro daño | |
| | tan cerca, que está en vos mismo. | |
| Antíoco | Un gran pesar me habéis hecho | 460 |
| | y un gran favor. | |
| Reina | ¿Cómo ha sido? | |
| Antíoco | El pesar es el pedirme | |
| | toda el alma con que vivo, | |
| | y el favor es que sea tanto | |
| | lo que vos me habéis pedido. | 465 |
| | Por que veáis la fineza | |
| | con que siempre he de serviros, | |
| | ésta, señora, es mi vida. | |
| | Dale el retrato | |
| Reina | Yo la fineza os estimo. | |
| Luquete [A Floreta.] | (Muy largo va aquel coloquio | 470 |
| | y estoy por interrumpirlos, | |
| | porque hablan mil necedades.) | |
| Floreta [A Luquete.] | (¿Pues sabes tú lo que han dicho?) | |
| Luquete | (Dice el Príncipe que el Rey, | |
| | su padre, como es tan rico, | 475 |
| | tiene sacado recado | |
| | para cosa de treinta hijos; | |
| | y la Reina dice que ella | |
| | no trae tanto prevenido, | |
| | porque no puede parir | 480 |
| | arriba de veinte y cinco, | |

                    y lo están regateando.)

(Dentro, Nicanor.)

Nicanor         Por delante de aquel risco
                caminad.

(Levántanse.)

Reina           ¿Qué ruido es éste?

Luquete         Como estamos retraídos         485
                aquí, vienen a prendernos.
                Señores, ¡qué de ministros!
                Sale Nicanor

Nicanor         A la falda deste monte
                un pequeño pueblo he visto,
                de donde a guiaros vienen,    490
                ya de luces prevenidos,
                sus rústicos moradores.

Luquete         ¿Y usted acaso ha sabido
                si habrá camas para todos?

Nicanor         Solo está ya prevenido        495
                a sus altezas albergue,
                porque es de pocos vecinos.

Luquete         ¿Y para nuestras bajezas,
                señor furriel?

Nicanor         No le ha habido.

| | | |
|---|---|---|
| Luquete | Pues yo he de dormir en cama, | 500 |
| | o echaré por esos trigos. | |
| | Dentro. ¡Viva nuestra Reina! | |
| Todos | ¡Viva! | |
| | Salen dos villanos con teas encendidas | |
| Nicanor | Hacia acá llegad, amigos. | |
| Villano I | ¡Viva Su Merced mil años! | |
| Villano II | Eso, Pascual, es poquito: | 505 |
| | ¡viva como mi mujer! | |
| Luquete | ¡Bravas hachas han traído! | |
| | ¿Son las de la cofradía? | |
| Villano I | No, señor, que son de pino. | |
| Antíoco (Aparte.) | (¡Válgame el cielo! ¿Qué veo? | 510 |
| | ¡Mi muerte en la Reina he visto!) | |
| Reina (Aparte.) | (El Príncipe es muy galán. | |
| | Mas, ¡cielos! ¿Qué es lo que miro? | |
| | ¡Mi retrato es el que veo! | |
| | Ya es más terrible el peligro, | 515 |
| | toda me ha cubierto un hielo, | |
| | el Príncipe ha enmudecido | |
| | y yo de verle también.) | |
| Luquete | Señores, vamos camino… | |
| | ¿Qué es esto? ¿Acaso está aquí | 520 |
| | enterrado algún judío? | |
| | ¡Oiga! | |

| | |
|---|---|
| Floreta | El Príncipe y la Reina
se han quedado suspendidos. |
| Luquete | ¿Son figuras de tapiz,
que en la acción que están tejidos    525
se quedaron para siempre?
¡Ah, señor! |
| Antíoco (Aparte.) | (¡Cielos divinos!
La Reina ha visto el retrato,
y ningún medio apercibo
para enmendar este yerro.)    530 |
| Reina (Aparte.) | (No mi turbación dé indicio
de las dudas en que estoy.)
Vamos, señor. |
| Antíoco |           Yo os suplico,
señora... |
| Reina |      ¿Qué me pedís? |
| Antíoco | ...Yo, señora, nada os pido,    535
sino que a mí... Porque vos... |
| Reina | ¿Qué decís? |
| Antíoco |        ¿Ya no lo he dicho? |
| Reina | No os entiendo. |
| Antíoco | Yo tampoco. |

| Reina | ¿Pues qué os turba? | |
|---|---|---|
| Antíoco | Un yerro mío | |
| | que ahora, señora, me acuerdo | 540 |
| | de que yo no había traído | |
| | el retrato que os decía, | |
| | porque le dejé escondido, | |
| | y ése que os di es uno vuestro | |
| | que al ponerme yo en camino | 545 |
| | para venir a buscaros | |
| | me dio mi padre, advertido, | |
| | para que yo os conociera; | |
| | y así, señora, os suplico | |
| | que me lo volváis a mí. | 550 |
| Reina | Pues si eso, Príncipe, ha sido, | |
| | ya que os le ha dado mi esposo, | |
| | yo he de volvérsele a él mismo. | |
| Antíoco (Aparte.) | (Ya en mi mal no hay más remedio | |
| | que morir.) | |
| Reina | ¿No entráis conmigo? | 555 |
| Antíoco | Sí, señora, pero antes | |
| | que no le volváis os pido | |
| | ese retrato a mi padre. | |
| Reina | ¿Pues por qué? | |
| Antíoco | Porque es preciso | |
| | que no guardarle parezca | 560 |
| | poca fineza de hijo. | |

| | | |
|---|---|---|
| Reina | Antes ésta es más fineza. | |
| Antíoco | Pero es yerro repetido. | |
| Reina | Luego, ¿habéis hecho otro yerro? | |
| Antíoco | Sí, mas fue de mi destino. | 565 |
| Reina | ¿Y en qué errasteis? | |
| Antíoco | No lo sé. | |
| Reina | Vamos, Príncipe. | |
| Antíoco | Ya os sigo. | |
| Reina (Aparte.) | (¡Qué mal principio que llevo!) | |
| Antíoco (Aparte.) | (¿A que mal fin me encamino?) | |

(Sale acompañamiento, el Rey, Astrea y Erisístrato, viejo.)

| | | |
|---|---|---|
| Seleuco | ¿Cómo el parabién, Astrea, | 570 |
| | no me das del bien que espero? | |
| | Pues si hay dicha que se crea, | |
| | que he de ver hoy considero | |
| | cuanto el corazón desea. | |
| | De mi esposa enamorado | 575 |
| | estoy por la celestial | |
| | imagen que me ha enviado. | |
| | Mira, si esto hizo el traslado, | |
| | ¿qué hará hoy el original? | |
| Astrea | Tu Alteza goce, señor, | 580 |

|  |  |  |
|---|---|---|
|  | mil siglos de su belleza, |  |
|  | que en mí el continuo dolor |  |
|  | de mi afligida tristeza |  |
|  | ha ocasionado el error. |  |
| Seleuco | ¿Pues tu tristeza de qué? | 585 |
| Astrea | De que te haya escrito a ti |  |
|  | el Príncipe, como sé, |  |
|  | sin acordarse de mí, |  |
|  | y sin hablarme se fue; |  |
|  | de que su melancolía, | 590 |
|  | como mi pena, es testigo, |  |
|  | pues en su rostro lo vía: |  |
|  | otra causa no tenía |  |
|  | más que el casarse conmigo; |  |
|  | un desvío, gran señor, | 595 |
|  | cuando está envuelto en recelos, |  |
|  | no le disfraza el dolor, |  |
|  | porque aunque es ciego el Amor, |  |
|  | también son linces los celos. |  |
|  | Yo, en efecto, he conocido | 600 |
|  | que el Príncipe me aborrece; |  |
|  | fuerza de mi estrella ha sido |  |
|  | que esta culpa no merece |  |
|  | venganza, ni yo la pido, |  |
|  | que aunque fuera obligación | 605 |
|  | el quererme con lealtad |  |
|  | por la sangre y por la unión, |  |
|  | lo que es solo voluntad |  |
|  | nunca nace de razón. |  |
|  | Cuando no hay oposición | 610 |
|  | la razón hará su empleo, |  |
|  | mas si falta inclinación, |  |

|           | el que quiere por razón |     |
|           | quiere contra su deseo, |     |
|           | y no es justo que yo entregue | 615 |
|           | mi pecho a tan duros lazos |     |
|           | que, cuando a pedirlos llegue, |     |
|           | me dé la deuda los brazos |     |
|           | y el corazón me los niegue. |     |
|           | Esto es, señor, lo que siento | 620 |
|           | y lo que es en la verdad, |     |
|           | porque yo tener no intento |     |
|           | ni conmigo pensamiento, |     |
|           | ni contigo voluntad. |     |

Seleuco     Justa era tu queja ya,                         625
            a ser cierta tu sospecha,
            mas en todo errada va,
            que una voluntad está
            de imaginaciones hecha.
            Yo sé que el Príncipe, Astrea,                 630
            como yo, te quiere a ti;
            yo haré que tu esposo sea,
            y por que tu amor lo crea,
            será cuando llegue aquí,
            y cree que yo no lo hiciera                    635
            a entender que ese desdén
            su gusto en algo ofendiera.

Astrea      Como eso me está tan bien,
            lo cree amor, mas no lo espera.

Seleuco     Eso hacen las voluntades,                     640
            que aun yo esperándolos hoy,
            sin recelar novedades,
            sé que han de venir y estoy

poniendo dificultades.
Tú, Erisístrato, que fuiste 645
más sabio que la experiencia,
pues sus efectos venciste
y a Aristóteles bebiste
el espíritu y la sciencia;
y para más gloria mía 650
y aplauso de tu persona,
le pedí a Alejandro un día
que a trueco de una corona
me diese tu compañía,
pues de amor tanto alcanzaste 655
y de su llama amorosa
tanto al ardor te entregaste,
que a una ciudad despreciaste
por casarte con tu esposa;
¿de qué tienes entendido 660
que nace este temor necio
al deseo siempre unido?

Erisistrato  Señor, de hacer mucho aprecio
de aquello que se ha querido;
el efecto es natural, 665
no habrá cosa que imagines
que no tenga sin igual,
porque por inciertos fines,
todo en el mundo es mortal,
y el que algún bien llega a amar, 670
aunque le juzgue por cierto,
siempre es fuerza que ha de estar
temiendo aquel fin incierto
que se le puede quitar.

(Sale Luquete.)

| | | |
|---|---|---|
| Luquete | Ya es forzoso que me debas | 675 |
| | albricias deste suceso. | |
| Seleuco | Yo las mando. | |
| Luquete | ¿Y no más de eso? | |
| | También yo mando las nuevas. | |
| Seleuco | Todos tu voz esperamos: | |
| | di, que seguras están. | 680 |
| Luquete | Bien sé yo que lo estarán, | |
| | mas tengamos y tengamos. | |
| Seleuco | ¿No fías de mi persona? | |
| Luquete | No es abonada al entrego. | |
| Seleuco | ¿Por qué? | |
| Luquete | Porque no eres lego. | 685 |
| Seleuco | ¿Cómo no? | |
| Luquete | ¿Eres de corona? | |
| Seleuco | ¿Soy escaso? | |
| Luquete | No dirán | |
| | de Seleuco eso, aun por chiste, | |
| | porque eres rey y antes fuiste | |
| | de Alejandro capitán. | 690 |
| | Mas cuando eso a oírte llego, | |

|  | por que no dudes de mí | |
|  | tengo de fiar de ti, | |
|  | aunque me lo pagues luego. | |
|  | ¿La Reina? Sí, por quien soy: | 695 |
|  | por llegar presto a tu lado, | |
|  | desde ayer ha caminado | |
|  | casi una legua hasta hoy. | |
|  | Y, del gozo apresurada, | |
|  | para no perder la noche, | 700 |
|  | la mitad vino en un coche | |
|  | y la otra mitad sentada. | |
|  | A palacio en pompa ufana | |
|  | pienso que ya llegarán, | |
|  | si no es que aún no la han | 705 |
|  | registrado en la aduana. | |
| Seleuco | ¿Registrado? | |
| Luquete | ¿Es desatino? | |
|  | Pues no es, señor, demasiado; | |
|  | que ande con mucho cuidado | |
|  | el arrendador del vino. | 710 |
| Seleuco | ¿El Príncipe cómo viene? | |
| Luquete (Aparte.) | (Callar quise esas noticias | |
|  | hasta empuñar las albricias, | |
|  | porque es la ijada que tiene.) | |
| Seleuco | ¿Qué dices? | |
| Luquete | Que viene aquí | 715 |
|  | de su mal tan afligido, | |
|  | que ponerse no ha podido | |

| | |
|---|---|
| | nunca a caballo. |
| Seleuco | ¡Ay de mí! |
| Luquete | Mas él, señor, no es muy lerdo: yo en mis discursos [lo] hallo que no se ha puesto a caballo por no aventurar lo cuerdo. |
| Seleuco | ¿Tan malo está? |
| Luquete | Es tan crüel su mal..., mas déjolo a un lado porque yo soy muy honrado y no quiero hablar mal dél. |
| Seleuco | ¿Callar no era más seguro? Todo el placer me has borrado. |
| Luquete | Como tú bebías aguado, te matará el placer puro. |
| Astrea | Solo es mío este pesar, pues soy quien pierde el placer. |
| Seleuco | Tú, Erisístrato, has de ser quien esto ha de remediar, porque no viviré yo si el Príncipe a morir llega. |
| Luquete | ¿Al médico se le entrega? Pues el Príncipe voló. |
| Voz (Dentro.) | ¡Viva nuestra reina! ¡Viva! |

720

725

730

735

| | | |
|---|---|---|
| Luquete | La Reina llega, señor. | 740 |
| Seleuco | Al lado deste dolor<br>ya no hay gusto que reciba. | |

(Salen Antíoco, la Reina, Nicanor y las damas.)

| | | |
|---|---|---|
| Antíoco (Aparte.) | (¡Ay de mí, que a morir vengo,<br>y es ya mi muerte precisa!) | |
| Seleuco | Sea, señora, Vuestra Alteza,<br>a mi pecho bienvenida<br>para reinar victoriosa<br>en mi afecto, más que en Siria.<br>Deme su mano. | 745 |
| Reina | En mis brazos,<br>señor, el alma reciba<br>el parabién, que a mi suerte<br>le debo dar desta dicha. | 750 |
| Antíoco (Aparte.) | (¡Cielos, yo estoy sin sentido!<br>No es posible que reprima<br>este dolor.) A tus pies,<br>señor, la obediencia mía<br>pide. | 755 |
| Seleuco | Hijo, llega a mis brazos.<br>¿Cómo vienes? | |
| Antíoco | A tu vista<br>se ha rendido, gran señor,<br>todo el dolor que traía. | 760 |

| | |
|---|---|
| Seleuco | ¡Qué buena nueva me has dado! |
| | Ya es entera la alegría |
| | que tengo en ver a mi esposa, |
| | que solamente tu vida |
| | me pudiera dar cuidado 765 |
| | que me turbase esta dicha. |
| | Llegad, señora, a sentaros |
| | donde, como esposa mía, |
| | a besar la mano os lleguen |
| | los que es fuerza que os asistan. 770 |
| Reina (Aparte.) | (Esto es ley de mi destino, |
| | aunque el alma la resista |
| | mi obligación la obedece. |
| | ¡Fuera, locas fantasías! |
| | Y si os habéis de quedar 775 |
| | en pensamientos y enigmas, |
| | desde aquí se lleve el viento |
| | lo que solo el viento anima.) |
| (Siéntanse.) | |
| Seleuco | Besad la mano a la Reina. |
| Luquete | Ahora aquí se registran 780 |
| | las necedades caseras: |
| | si tenéis gana de risa, |
| | oíd las que van diciendo |
| | los que las traen prevenidas. |
| Astrea | Yo la primera he de ser 785 |
| | que obligación tan precisa |
| | cumpla a vuestras reales plantas. |

| | | |
|---|---|---|
| Seleuco | Es Astrea, mi sobrina, | |
| | y esposa ya de mi hijo. | |
| Reina | A ser yo capaz de envidia, | 790 |
| | os la pudiera tener. | |
| (Aparte.) | (¡Mas, alma! ¿Dónde caminas?) | |
| Antíoco (Aparte.) | (Para esta acción solamente | |
| | le pido al cielo la vida, | |
| | tiempo os sobrará, pesares, | 795 |
| | templad aquí la codicia.) | |
| | Tres veces la mano os beso: | |
| | primero, por reina mía | |
| | a quien juro el vasallaje | |
| | que mi lealtad acredita; | 800 |
| | otra, por esposa y dueño | |
| | de mi padre, en quien se cifra; | |
| | la tercera, que es por ser... | |
| | ¡Mas, ay de mí! En vano anima | |
| | mi esfuerzo la voz: yo muero. | 805 |
| | ¡Señor, señor, mi desdicha | |
| | me mata! | |
| (Cae el Príncipe.) | | |
| Seleuco | ¿Qué tienes, hijo? | |
| Antíoco | Morir; ya acabó mi vida. | |
| Seleuco | ¡Levantalde! ¡Acudid todos! | |
| (Levántanle.) | | |

| | | |
|---|---|---|
| Antíoco | Esta alma que sacrifica<br>mi dolor a mi silencio,<br>pido solo que reciba<br>la causa de mi dolor. | 810 |
| Reina (Aparte.) | (¿Quién habrá que la resista?) | |
| Seleuco | Hijo, Antíoco, ¿qué sientes? | 815 |
| Antíoco | Señor, el alma partida<br>de un puñal que agudo pasa<br>el corazón. | |
| Seleuco | Más no digas.<br>¡Ay de mí! ¡Qué infeliz soy,<br>pues la mayor alegría<br>me turba el mayor pesar! | 820 |
| Erisistrato | La mayor fuera la mía. | |
| Seleuco | Erisístrato, ¿qué es esto? | |
| Luquete | Mira si es dolor de tripas,<br>que yo diré unas palabras<br>que aprendí. | 825 |
| Floreta | ¿Dónde? | |
| Luquete | En Esquivias. | |
| Erisistrato | Señor, todas las señales<br>causas mortales indican. | |
| Luquete | Pues si suelta el judicante | |

|            |                                          |     |
|------------|------------------------------------------|-----|
|            | no hay príncipe en cuatro días.          | 830 |
| Seleuco    | Señora, entre este pesar                 |     |
|            | no caben las alegrías                    |     |
|            | de vuestras bodas, y así,                |     |
|            | os suplico que a esta dicha              |     |
|            | permitáis la suspensión                  | 835 |
|            | de esperar su mejoría,                   |     |
|            | por que no [me] halléis mezcladas        |     |
|            | en lágrimas las caricias.                |     |
| Reina      | Yo, señor, sin albedrío                  |     |
|            | estoy con vos, y aun sin vida.           | 840 |
| (Aparte.)  | (¿Cómo dura en mí este afecto?           |     |
|            | Mas aunque más le reprima,               |     |
|            | lo que es mío es el decoro,              |     |
|            | que la inclinación no es mía.)           |     |
| Seleuco    | Venid, pues, a vuestro cuarto.           | 845 |
|            | Vosotros todos, ¡aprisa!,                |     |
|            | llevad al Príncipe al suyo.              |     |
| Antíoco    | Muera en él mi fantasía,...              |     |
| Reina      | Pare aquí mi pensamiento,...             |     |
| Antíoco    | ...pues fue sin mi mal nacida,...        | 850 |
| Reina      | ...pues fue sin mí ocasionado,...        |     |
| Antíoco    | ...y el silencio...                      |     |
| Reina      | ...y la fatiga...                        |     |

| | |
|---|---|
| Antíoco | ...me sepulte... |
| Reina | ...me atormente... |
| Antíoco | ...¡Qué cruel muerte! |
| Reina | ...¡Qué desdicha! Vanse |
| Floreta | ¿Qué mal es éste, Luquete, que tiene el Príncipe? 855 |
| Luquete | Amiga, yo presumo que está malo de hartarse de golosinas. |

Fin de la primera jornada

## Jornada segunda

(Salen Seleuco, Luquete y acompañamiento.)

| | | |
|---|---|---|
| Luquete | Señor, yo no he de asistir | |
| | más al Príncipe. | |
| Seleuco | ¿Por qué? | 860 |
| Luquete | Porque lo que gusto fue | |
| | ya no se puede sufrir. | |
| Seleuco | ¿Qué dices? Pues, cuando viste | |
| | que el Príncipe se divierte | |
| | con tus donaires (de suerte | 865 |
| | que por ti su mal resiste), | |
| | ¿faltar quieres, y en un mal | |
| | que por puntos empeora | |
| | y es crítica cualquier hora | |
| | de su accidente mortal? | 870 |
| | Nunca le faltes de aquí. | |
| Luquete | Gran cosa es ser menester, | |
| | mas qué infeliz ha de ser | |
| | quien me ha menester a mí. | |
| | Yo, señor, no faltaría, | 875 |
| | mas harto ya de reír, | |
| | destos médicos sufrir | |
| | no puedo la bobería, | |
| | porque yo, señor, no sé | |
| | dónde hay tanto desatino | 880 |
| | como dicen de contino. | |
| Seleuco | ¿En qué? | |

| Luquete | Yo te lo diré. |
| | Entran todos de consuno |
| | y el pulso le van tomando; |
| | y las cejas arqueando | 885 |
| | se estuvo dos horas uno. |
| | A éste que más se atribula |
| | pregunté: «¿Qué hay?» Respondió: |
| | «No lo alcanzo», y dije yo: |
| | «Pues pique más a la mula». | 890 |
| | Frunciose y torció el hocico, |
| | y yo, para rematalle |
| | dije: «¿Cómo ha de alcanzalle |
| | si va tras él en borrico?» |
| | Otro llega, el pulso toca, | 895 |
| | y se rasca de admirado, |
| | y tras haberse rascado, |
| | le mete el dedo en la boca. |
| | Otro a la orina se apresta, |
| | y a gestos interrumpido | 900 |
| | miró y dijo: «No ha cocido». |
| | Dije yo: «Es día de fiesta». |
| | Y viendo su desatino, |
| | para otra vez que viniera, |
| | escondiendo la vasera | 905 |
| | al orinal eché vino. |
| | Como el vino era real, |
| | de mosquitos se llenó; |
| | vino él luego y le pidió, |
| | y tomando el orinal, | 910 |
| | suspenso saliva traga, |
| | viendo en él tanto mosquito, |
| | y acordándose de Egipto, |
| | dijo: «Aqueste mal es plaga». |

«Médico tan moscatel,　　　　　　　915
dije yo, ¿a qué viene aquí
si esto ignora?» Y me bebí
la plaga delante de él.
Pero no es nada la orina
con verlos hechos orates　　　　　　920
en junta: más disparates
no dijo Juan de la Encina.
Júntanse todos, y luego,
sobre si el pulso indicó,
si hay fiebre en la arteria o no　　　925
se hacen pedazos en griego.
Lo que uno habla, otro trabuca,
y cuando arde la opinión,
otro empata la cuestión,
con que todo lo bazuca.　　　　　　930
Crecen los gritos atroces,
y cuando anda el morbo insano,
otro medio cirujano
se arrima al que da más voces.
Otro calla, y da atención;　　　　　935
otro no es contra ninguno,
todo lo aprueba, y si alguno
sale con una opinión,
él dice, pese o no pese:
«Yo soy de ese parecer».　　　　　　940
Dice otro: «No puede ser».
Y él dice: «También soy de ése».
Y cuando por varios modos
los cascos se están quebrando,
el que no habla está callando　　　945
más desatinos que todos.
Y después que a troche y moche
se han hartado de gritar,

              lo que resulta es mandar
              que no cene aquesta noche.                950
              Yo dije a gritos: «Señores,
              ¿pues estar malo es pecar?
              ¿Sois, mandándole ayunar,
              médicos o confesores?»
              Vive el cielo que si fías                 955
              su mal de mí solamente,
              te he de dar sin accidente
              al Príncipe en cuatro días,
              y si pretendes que él gane
              salud, ha de ser, si vienen,              960
              mandando que ellos no cenen
              hasta que el Príncipe sane.

Seleuco       Con la vulgar opinión
              los médicos tratas mal,
              cuando la causa es mortal                 965
              vanos los remedios son.
              Aunque más los culpes, ellos
              son el norte de la vida,
              y no hay en cualquier caída
              más alivio que tenellos.                  970
              Dudar fuera desatino
              que yerran, como acontece,
              mas también el que adolece
              tiene el yerro por destino.
              Y el médico más liviano                   975
              que ha estudiado esta doctrina
              sabe más de medicina,
              que el más docto cortesano.
              Con que yo llego a creer
              que más daño ha de causar,                980
              sin su consejo, acertar,

|  |  |  |
|---|---|---|
| | que errar por su parecer. | |
| Luquete | Que matan los más es cierto. | |
| Seleuco | ¿De dónde se ha de inferir? | |
| Luquete | ¿Pues quién nos lo ha de decir | 985 |
| | si no puede hablar el muerto? | |
| | Echa un bando a los que fueren | |
| | muertos desde hoy sin herida; | |
| | en qué pena de la vida | |
| | digan de lo que se mueren. | 990 |
| | Mas él sale, y lo sabrás, | |
| | del protovaliente aquí. | |
| Seleuco | ¿Por qué le llamas ansí? | |
| Luquete | Porque es el que mata más. | |

(Sale Erisístrato.)

|  |  |  |
|---|---|---|
| Seleuco | ¿Qué hay amigo? En mi dolor | 995 |
| | tu vista espera el deseo, | |
| | que yo al Príncipe no veo | |
| | por no aumentar mi temor. | |
| | Dame alivio de algún modo, | |
| | que mi vida solamente | |
| | de tu voz está pendiente. | 1000 |
| Luquete | Y de su receta y todo. | |
| Erisistrato | Señor, todo mi desvelo | |
| | a esta atención he aplicado, | |
| | y lo que halla mi cuidado | 1005 |

| | |
|---|---|
| | es consuelo y no es consuelo. |
| Seleuco | ¿Cómo es posible? |
| Luquete | Direlo: |
| | el llegar uno a enterrar |
| | su mujer sin heredar |
| | es consuelo y no es consuelo. 1010 |
| Erisistrato | El Príncipe no ha tenido |
| | corporal enfermedad. |
| Luquete | Eso, señor, es verdad, |
| | yo a los médicos he oído |
| | hablar del mal que tenía 1015 |
| | y decían, hernia, insania, |
| | crisis, pleura, pericrania, |
| | buba, hipocondrio, manía…, |
| | y después he reparado |
| | que son nombres de demonios, 1020 |
| | que son ciertos testimonios |
| | de que él está endemoniado. |
| Erisistrato | Lo que el Príncipe padece |
| | no es de causa material: |
| | pasión del alma inmortal 1025 |
| | es el mal de que adolesce. |
| | Conocida su querella, |
| | remedio tendrá el dolor, |
| | mas no es posible, señor, |
| | remedialla sin sabella. 1030 |
| Seleuco | ¿Pues qué cosa habrá a su mano |
| | difícil o inaccesible? |

| | | |
|---|---|---|
| Erisístrato | Algún antojo imposible | |
| | o algún deseo inhumano; | |
| | con mil ejemplos tropiezo | 1035 |
| | de historia. | |
| Luquete | Es cosa asentada, | |
| | ¿no se antojó a una preñada | |
| | morderle a un fraile el pescuezo? | |
| Erisístrato | Discurrir en confusión | |
| | es aumentar los temores, | 1040 |
| | y diremos mil errores | |
| | sin más cierta información. | |
| | Yo, señor, he prevenido | |
| | un medio para saber | |
| | la pasión que puede ser. | 1045 |
| Seleuco | Erisístrato, tú has sido | |
| | de quien mi vida he fiado | |
| | y de quien ahora fío | |
| | el alma, el aliento mío, | |
| | que es mi hijo. Enamorado | 1050 |
| | de mi esposa estoy, de suerte | |
| | que siempre es más mi afición, | |
| | porque con la privación | |
| | se hace esta pasión más fuerte. | |
| | El mal del Príncipe es quien | 1055 |
| | del logro de amor me priva: | |
| | si tú dispones que él viva, | |
| | me das lo que quiero bien. | |
| | Que a los dos cura tu mano, | |
| | tu misma gloria te acuerde, | 1060 |
| | a él de la pena que pierde | |

|   |   |   |
|---|---|---|
| | y a mí del gusto que gano. | |
| Erisistrato | El Príncipe viene aquí. | |
| Seleuco | ¿Pues cómo se ha levantado? | |
| Erisistrato | Yo, señor, se lo he ordenado. | 1065 |
| Seleuco | Yo salgo tanto de mí<br>oyendo su triste queja,<br>que aquí no me atrevo a estar;<br>cuida tú de mi pesar,<br>que en él mi vida te deja. Vase | 1070 |

(Salen Músicos, el Príncipe arrimado a un criado, y siéntase en una silla.)

|   |   |   |
|---|---|---|
| Antíoco | ¡Ay, injusto y triste amor! | |
| Erisistrato | ¿Cómo os va, señor, de pena? | |
| Antíoco | De mí mismo me enajena. | |
| Luquete | ¿Es que te vende el dotor? | |
| Antíoco | No cantéis. Todo me aflige;<br>¡ay, corazón! ¿Dónde vas? | 1075 |
| Erisistrato<br><br>(Aparte.) | La música es lo que más<br>aquesta pasión corrige,<br>y así, señor, os conviene<br>oír cantar. (Éste ha de ser<br>el medio para saber<br>qué pasión es la que tiene.) | 1080 |

| | | |
|---|---|---|
| Antíoco | No cantan tono ninguno<br>que divierta mi dolor. | |
| Erisistrato | Pues variarlos, señor,<br>hasta que gustéis de alguno. | 1085 |
| Luquete | Eso en la elección consiste,<br>si le queréis alegrar,<br>cantad. | |
| Un músico | ¿Qué hemos de cantar? | |
| Luquete | Un zarambeque muy triste. | 1090 |
| Erisistrato (Aparte.) | (Entre una y otra canción<br>el Príncipe escogerá<br>la que más gusto le da.) | |
| Luquete | Vaya algo de devoción. | |
| Músicos | «Venid, pastores de Henares<br>a mirar de Francelisa<br>dos soles que con sus luces<br>amanece alegre el día». | 1095 |
| Antíoco | No es bueno ése, no prosigas. | |
| Luquete | Y tiene razón, señores:<br>¿que han de venir los pastores<br>que están allá haciendo migas?<br>Tanto pastor ya es cansado. | 1100 |
| Antíoco | Ni yo con ellos me alegro. | |

| | | |
|---|---|---|
| Luquete | Suelten un tonillo negro, | 1105 |
| | que aquese tono es bragado. | |
| Erisistrato | ¿Qué es lo que mejor os suena? | |
| Antíoco | Ninguna letra han cantado | |
| | de un amor desesperado. | |
| Erisistrato (Aparte.) | (Sin duda es de amor su pena.) | 1110 |
| Luquete | Felisarda y yo sabemos | |
| | una letra de esa suerte. | |
| Antíoco | Dila, pues. | |
| Erisistrato (Aparte.) | (Indicio es fuerte.) | |
| Luquete | Entre los dos la diremos. | |
| (Cantan.) | «Corazón osado mío, | 1115 |
| | ya no sé qué hacer con vos, | |
| | que vos queréis que yo quiera | |
| | y no quiero querer yo.» | |
| Antíoco | Corazón osado mío, | |
| | yo no sé qué hacer con vos, | 1120 |
| | pues siendo uno, somos dos, | |
| | entre vos y mi albedrío. | |
| | Yo del riesgo me desvío, | |
| | y vuestra violencia no. | |
| | Si la esperanza faltó, | 1125 |
| | querer que os siga es quimera, | |
| | que vos queréis que yo quiera, | |
| | y no quiero querer yo. | |
| | Bien dice, proseguid pues. | |

| | |
|---|---|
| Erisístrato (Aparte.) | (Efecto de amor ha sido 1130<br>de quien su mal ha nacido,<br>ya la cura fácil es.) |
| (Cantan.) | «Conociendo el riesgo mío,<br>me ponéis en el mayor,<br>¿pues qué fiaré del ajeno, 1135<br>si hallo infiel mi corazón?» |
| Antíoco | Conociendo el riesgo mío,<br>me ponéis en el mayor,<br>pues me lleváis a un amor<br>de quien mi muerte aun no fío. 1140<br>Si no muero del desvío,<br>me ha de matar la razón,<br>y queréis que mi pasión<br>se precipite sin freno,<br>¿pues qué fiaré del ajeno, 1145<br>si hallo infiel mi corazón? |
| Erisístrato | ¿Os divierte? |
| Antíoco | En otra lid;<br>más pena al discurso dan. |
| Erisístrato | Pues de cantar dejarán. |
| Antíoco | No lo dejéis, proseguid. 1150 |
| Cantan | «Entre callar yo mi pena,<br>o publicar mi dolor,<br>si la callo no hay remedio,<br>si la digo no hay perdón». |

| | | |
|---|---|---|
| Antíoco | Entre callar yo mi pena, | 1155 |
| | o publicar mi dolor, | |
| | da dos sentencias Amor | |
| | que una y otra me condena: | |
| | el decirlo me enajena | |
| | de mi misma obligación; | 1160 |
| | callar es muerte y razón, | |
| | con que entre el daño y el medio, | |
| | si la callo no hay remedio, | |
| | si la digo no hay perdón. | |
| | ¿Pues qué haré? Hablar y callar | 1165 |
| | ni es remedio, ni es posible, | |
| | ¡oh, mal tan fiero y terrible, | |
| | que alivia el desesperar! | |
| | Dejadme, dejadme estar | |
| | padeciendo este rigor, | 1170 |
| | si el alivio hace mayor | |
| | el mal que no tiene medio, | |
| | no me deis ningún remedio, | |
| | que mejor me está el dolor. | |
| Erisístrato (Aparte.) | (Sin duda está enamorado | 1175 |
| | de algún esquivo desdén, | |
| | saber a quién quiere bien | |
| | falta solo a mi cuidado. | |
| | Una industria he discurrido | |
| | con que saberlo es forzoso.) | 1180 |
| | Señor, en mal tan penoso... | |
| Antíoco | Que no me habléis más os pido, | |
| | dejadme, pues, de afligir, | |
| | que aunque a morir me condene, | |
| | yo sé que mi mal no tiene | 1185 |
| | más remedio que morir. | |

| | |
|---|---|
| | Dejadme a solas aquí. |
| Erisistrato | Ya me voy. |
| Luquete | Fuerza será,<br>pues en tu cuarto entra ya<br>la Reina a verte. |
| Antíoco (Aparte.) | (¡Ay de mí!) 1190 |
| Luquete | Con tan buena compañía,<br>el dejarte no recelo. |
| Antíoco | ¿La Reina? ¡Válgame el cielo!<br>¿Quién dijiste que venía? |
| Luquete | La Reina. |
| Antíoco | Mortal estoy, 1195<br>su nombre asombro me da. |
| Luquete | Y en tu cuarto ha entrado ya. |
| Antíoco | ¿Quién dices que entra? |
| Luquete | Ya voy;<br>la Reina, señor, ¿hay tal? |
| Antíoco | No oí. |
| Luquete | Por eso hablo gordo. 1200<br>¡Vive el cielo que estás sordo!<br>¡Y no le entienden el mal! |

| | | |
|---|---|---|
| Antíoco | Todo me ha cubierto un hielo; ni aun de mi valor me fío. | |
| Luquete | ¿Qué es eso? ¿Te ha dado frío? | 1205 |
| Antíoco | Sí, que es el frío recelo. | |
| Luquete | ¿Pues te da? | |
| Antíoco | Cada mañana. | |
| Luquete | ¿Qué es lo que dices? Señores: ¡que haya en el mundo doctores que ignoren esta terciana! | 1210 |
| Antíoco | Vete. | |
| Luquete | Al Rey voy a decillo. ¡Que hayan dudado el sanalle! ¡Vive Dios, que he de curalle yo con ungüento amarillo! *Vase* | |
| Antíoco | El cielo me ha de valer, porque mi ardor no se vea. *Sale la Reina y Astrea* | 1215 |
| Reina | ¿Qué es lo que dices, Astrea? | |
| Astrea | Que recelo entrarle a ver, porque siempre que le veo, de verme se aflige más. | 1220 |
| Reina | Tú te lo presumirás. | |

| | | |
|---|---|---|
| Antíoco (Aparte.) | (¡Detente injusto deseo!) | |
| Reina | ¿Príncipe? | |
| Antíoco<br>(Aparte.) | Señora mía,<br>deme a besar Vuestra Alteza<br>a mí, que a sus pies… (¡Turbada<br>el alma tengo y la lengua!) | 1225 |
| Reina | Los brazos, señor, os debo. | |
| Antíoco<br>(Aparte.) | La mano os pedí, que en ella…<br>(Yo no sé lo que me digo.) | |
| Reina | ¿Qué decís? | |
| Antíoco (Aparte.) | (Todas mis venas<br>discurre un hielo, ¡ay de mí!<br>¿Cómo la misma belleza,<br>que estando ausente me abrasa,<br>con su presencia me hiela?)<br>Digo, señora, que os debo…<br>Cáesele el sombrero | 1230<br><br><br><br><br>1235 |
| Reina | ¿Qué me debéis? | |
| Antíoco | …la obediencia,<br>que a vuestros pies sacrifico. | |
| Reina | ¿Y es el sombrero la ofrenda? | |
| Antíoco | Pensé que era el corazón. | |
| Reina | ¿Tan poca es la diferencia? | 1240 |

| | |
|---|---|
| Antíoco | Está del mismo color. |
| Reina | Alzalde, pues. |
| Antíoco | Mucho pesa<br>lo que cayó a vuestros pies.<br>*Alza el sombrero y deja los guantes* |
| Reina | Mirad, que los guantes deja<br>vuestro descuido en el suelo.      1245 |
| Antíoco | Por más, señora, [que] quiera<br>recoger las prendas yo<br>que a vuestros pies tengo puestas,<br>habrá siempre otras en ellos. |
| Reina | Recoged, Príncipe aquésas,      1250<br>puesto que ahora no hay otras. |
| Antíoco | Yo soy quien decir pudiera<br>mejor que vos que no hay otras,<br>pues soy quien está sin ellas. |
| Reina (Aparte.) | (Mal hice en entrarle a ver      1255<br>acompañada de Astrea,<br>que está el Príncipe muy ciego,<br>si no es que lo esté más ella;<br>mas ansí he de remediallo.)<br>En vano dices, Astrea,      1260<br>que el Príncipe no te quiere,<br>pues le turba tu presencia. |
| Astrea | Lo que le turba, señora, |

no es amor, sino violencia
que en su pecho hacen mis ojos, 1265
que si amor, señora, fuera,
ya hubiera hablado conmigo.
Mas, sea amor o no sea,
el agravio del desvío
sobra ya para la queja, 1270
y por que a mi sentimiento
no ocasione más ofensas
mi imaginación injusta,
ya que dices que lo es ésta,
el mejor remedio es irme. 1275
Guarde Dios a Vuestra Alteza.

(Vase.)

Antíoco     ¿Pues por qué se va mi prima?

Reina     Porque reparó, discreta,
en que no la habéis hablado.

Antíoco     Ésta es la dicha primera 1280
que he logrado por callar.

Reina     Luego, ¿el callar os condena?

Antíoco     A la muerte me parezco.

Reina     ¿Qué muerte, Príncipe, es ésa?

Antíoco     Es una muerte, señora, 1285
que cuando de mí se aleja,
aquella vida que paso
es otra muerte más fiera.

| | | |
|---|---|---|
| Reina (Aparte.) | (Aunque ya el Príncipe sabe | |
| | que yo sé su mal, no sepa | 1290 |
| | que yo le quiero saber, | |
| | y aunque el corazón lo sienta, | |
| | disimule mi decoro | |
| | contra mi naturaleza.) | |
| | Príncipe, si vuestro mal | 1295 |
| | tan sin remedio os molesta, | |
| | vos os morís de rendido, | |
| | sin dar parte a la defensa. | |
| | No os gastéis todo en sentirle; | |
| | quien ningún alivio espera, | 1300 |
| | lo que le da al sentimiento, | |
| | déselo a la resistencia. | |
| | Vos decís que padecéis | |
| | la pena menor, tenelda, | |
| | que el temor de la que es más, | 1305 |
| | puede ser alivio de ésa. | |
| | El que pone al golpe el brazo | |
| | por defensa se contenta | |
| | con dar el brazo al peligro, | |
| | por no arriesgar la cabeza. | 1310 |
| | Si vos os veis defendido | |
| | de pena mayor con ésa, | |
| | sufrid la herida del brazo, | |
| | pues os logra una defensa. | |
| | Sufrid, Príncipe, sufrid, | 1315 |
| (Aparte.) | que yo… (Mas, tened, violencias.) | |
| Antíoco | Vos, señora, que sabéis | |
| | de qué linaje es mi pena; | |
| | vos, que tenéis conocida | |
| | como yo la causa della, | 1320 |

|         | ¿tan cuerda me persuadís
que la sufra y que la venza?
¿Es posible que os parece
tan fácil la resistencia? | |
|---------|---|---|
| Reina   | Yo, Príncipe, no he tenido
de vuestro dolor más señas
de lo que vos me habéis dicho. | 1325 |
| Antíoco | ¿También, señora, me niega
vuestro rigor ese alivio?
¿Tan atrevida es mi queja,
que ese castigo merece?
¿No me veis morir con ella?
¿No me veis callar mi mal,
sin que otro alivio pretenda?
El morir de mi silencio
¿es tan inútil fineza,
que no os merece que ahora
vuestra piedad me dijera:
«Príncipe, si vuestras ansias
son hijas de vuestra estrella,
yo no soy quien la hizo injusta,
la mía os ha sido adversa.
Lo que ha dispuesto el destino
no lo hizo la diligencia;
yo ya veo que os morís,
ya lo conozco, y me pesa
de no poder socorreros
cuando os miro en la tormenta.
Ésta es ley de mi decoro,
ni os puedo aliviar por ella,
ni aun licencia me permite
de agradeceros la pena. | 1330

1335

1340

1345

1350 |

|   |   |   |
|---|---|---|
| | Sufrid, pues, y resistilda, | |
| | ya que así el cielo lo ordena, | |
| | y si es consuelo, tomad | 1355 |
| | el del pesar que me queda»? | |
| | ¿Qué costa a vuestro decoro | |
| | este alivio le tuviera? | |
| | ¿Perdería algún blasón, | |
| | por piadosa, la entereza? | 1360 |
| | ¿El alma, por compasiva, | |
| | dejaría de ser vuestra? | |
| | ¿No os hiciera más divina, | |
| | y a mí más feliz me hiciera? | |
| | Mas si mi dolor no os mueve, | 1365 |
| | más vuestro rigor lo acierta: | |
| | decid que ignoráis la causa, | |
| | que ansí mi vida se abrevia. | |
| Reina (Aparte.) | (Tiene razón, mas ¿que digo? | |
| | ¡Ay, alma, que te despeñas!) | 1370 |
| | Príncipe, con ese alivio, | |
| | ¿qué en vuestro mal se remedia? | |
| Antíoco | Lograrle agora y vivir | |
| | aquel rato que le oyera. | |
| Reina | ¿Y después? | |
| Antíoco | Penar callando. | 1375 |
| Reina | Luego, ¿no lo es? | |
| Antíoco | Sí, mas cesa. | |
| Reina | Pues, ¿de qué sirve? | |

| | | |
|---|---|---|
| Antíoco | De aliento. | |
| Reina | ¿Para qué? | |
| Antíoco | Para que muera. | |
| Reina | ¿No lo excusara el alivio? | |
| Antíoco | No, porque es poca defensa. | 1380 |
| Reina | ¿Y cuál bastara? | |
| Antíoco | Ninguna. | |
| Reina | Luego, ¿era en vano? | |
| Antíoco | No fuera. | |
| Reina | ¿Por qué? | |
| Antíoco | Porque consolara. | |
| Reina | ¿Consuelo y morir? | |
| Antíoco | Es fuerza. | |
| Reina | Pues, ¿quién os mata? | |
| Antíoco | El dolor. | 1385 |
| Reina | ¿Y en eso...? | |
| Antíoco | No hay resistencia. | |

| | |
|---|---|
| Reina | ¿Puedo yo estorbarlo? |
| Antíoco | No. |
| Reina | ¿Y vos? |
| Antíoco | Yo no me atreviera. |
| Reina | ¿Y quién lo podrá? |
| Antíoco | La muerte. |
| Reina | ¡Pues, qué remedio! |
| Antíoco | Paciencia. 1390 |
| Reina<br>(Aparte.) | Callad, Príncipe, callad,<br>que al escuchar, vuestra pena<br>me obliga. (Mas, yo no sé<br>lo que digo, y dar es fuerza<br>con la nave en un escollo, 1395<br>si no recojo las velas.)<br>Príncipe, adiós. |
| Antíoco | ¿Qué dices?<br>¿Ansí, señora, me deja<br>vuestro rigor? |
| Reina | Es preciso. |
| Antíoco | ¿Por qué? |
| Reina | Porque estoy muy cerca. 1400 |

| | |
|---|---|
| Antíoco | ¿De qué? |
| Reina | De mayor peligro. |
| Antíoco | Pues, ¿qué en mi alivio se arriesga? |
| Reina | El cazador, con industria |

para coger sin defensa
a los simples pajarillos, 1405
finge un árbol y le llena
de la liga que los prende;
luego, otros pájaros lleva
que allí junto están cantando;
los que descuidados vuelan 1410
oyen la voz conocida
y al tierno silbo se acercan
pensando hallar compañía,
y en triste prisión se quedan.
Vos sois como el cazador 1415
que el árbol de la fineza
tenéis lleno de la liga
de amor, que las almas ciega;
lleváis el llanto, el suspiro,
el dolor y la tristeza, 1420
que son tan dulces reclamos
que llamaran a las piedras.
Yo soy la simple avecilla
que, ignorando la cautela,
oigo su voz, muevo el vuelo; 1425
ellos tristes se lamentan,
yo los escucho piadosa;
ellos repiten la queja,
yo me acerco enternecida,

|  | vos aviváis su querella; | 1430 |
|  | yo voy a daros alivio, |  |
|  | vuestro corazón me empeña; |  |
|  | yo ignoro el riesgo, él me llama; |  |
|  | yo me abato, él se lamenta; |  |
|  | yo le escucho, él me enternece; | 1435 |
|  | yo me detengo, él se queja; |  |
|  | yo, en efecto, me despeño, |  |
|  | pues para que no se pierda |  |
|  | lo que por perderse falta, |  |
|  | si hay algo que yo no sepa, | 1440 |
|  | no hay más remedio que huir, |  |
|  | porque cuando yo esté presa, |  |
|  | ni en vuestro dolor, alivio, |  |
|  | ni en mi decoro hay enmienda. |  |

(Vase.)

| Antíoco | Oíd, aguardad, señora, | 1445 |
|  | ¿ansí os vais? ¿Ansí me dejan |  |
|  | vuestros injustos rigores? |  |
|  | ¡Ay de mí! Ya titubea |  |
|  | la fábrica de la vida. |  |
|  | Lo que alentó su presencia | 1450 |
|  | es ya rendido desmayo. |  |
|  | No aguardaras por que vieras |  |
|  | que, pues sin ti muero, es cierto |  |
|  | que tú la vida me llevas. |  |
|  | ¡Hola, criados, amigos! | 1455 |
|  | ¡Ay de mí! |  |

(Sale el Rey, Erisístrato y Luquete.)

| Seleuco | ¡Acudid, apriesa, |

|              |                                          |      |
|--------------|------------------------------------------|------|
|              | que llama el Príncipe! ¡Hijo!            |      |
| Erisístrato  | Señor, ¿qué voces son éstas?             |      |
| Antíoco      | Morir, señor, yo me muero.               |      |
| Seleuco      | No te rindas a la pena,                  | 1460 |
|              | hijo, que aún no es tan mortal.          |      |
| Luquete      | Señor, que es terciana aquésta           |      |
|              | y el mal no le han entendido.            |      |
| Erisístrato  | ¿Qué dices, necio? ¿Qué piensas?         |      |
| Luquete      | Viven los cielos, que estaba             | 1465 |
|              | con un frío no ha hora y media,          |      |
|              | como un brasero sin lumbre.              |      |
| Erisístrato  | Eso en el pulso se viera;                |      |
|              | éste es un mal interior                  |      |
|              | que aun al indicio se niega.             | 1470 |
| Luquete      | Pues eso será, que luego                 |      |
|              | le quieren salir viruelas.               |      |
| Seleuco      | Erisístrato, si es cierto                |      |
|              | lo que dices, ¿qué sospechas?            |      |
|              | Yo he mandado que a palacio              | 1475 |
|              | hoy todas las damas vengan               |      |
|              | que pueden ser en la corte               |      |
|              | asumpto de su tristeza,                  |      |
|              | para que él las vea a todas.             |      |
| Erisístrato  | Señor, con esa cautela                   | 1480 |

|  |  |  |
|---|---|---|
|  | se ha de conocer sin duda |  |
|  | la que tal dolor le cuesta, |  |
|  | porque él está enamorado. |  |
| Seleuco | Pues, ¿cómo saberlo esperas? |  |
| Erisistrato | Todas han de ir una a una | 1485 |
|  | pasando por su presencia, |  |
|  | y si es amor y es de alguna |  |
|  | de las que pasan, es fuerza |  |
|  | conocer en su semblante |  |
|  | la causa de su dolencia | 1490 |
|  | y cuál mueve su cuidado. |  |
| Seleuco | Solo tu ingenio pudiera |  |
|  | hallar para conocerlo |  |
|  | tan peregrina agudeza. |  |
|  | Mas el Príncipe, ¿es posible | 1495 |
|  | que amor tan difícil tenga |  |
|  | que no pueda conseguirle? |  |
|  | Hijo mío, considera |  |
|  | que en tu amor está mi vida, |  |
|  | de tus alientos compuesta, | 1500 |
|  | y que no habrá medio alguno |  |
|  | tan difícil que no sea |  |
|  | ejecutado de mí, |  |
|  | si es remedio a tu dolencia. |  |
|  | Dime lo que sientes, hijo, | 1505 |
|  | ¿qué te aflige?, ¿qué deseas?, |  |
|  | ¿qué apetito te entristece?, |  |
|  | ¿qué pensamiento te inquieta? |  |
| Antíoco (Aparte.) | (¡Ay de mí! Que aqueste amor |  |
|  | es lo que a callar me empeña; | 1510 |

|  |  |  |
|---|---|---|
| | el respeto de mi padre | |
| | es quien los labios me sella.) | |
| | Pues, señor, ¿vos presumís | |
| | que si yo lo conociera | |
| | os le negara? | |
| Seleuco | No, hijo. | 1515 |
| Antíoco | Pues si no, ¿qué es la sospecha? | |
| Seleuco | Es deseo de tu vida | |
| | y la mía, que es la mesma. | |
| Antíoco | Mi vida será mi muerte. | |
| Erisistrato | Cierto es, señor, ¿quién lo niega? | 1520 |
| | Porque él no puede ignorarlo. | |
| Seleuco | Mi amor a tu industria apela. | |
| Erisistrato | Su mal, señor, está dentro, | |
| | y no hay señales afuera. | |
| Luquete | Pues échenle unas ventosas, | 1525 |
| | hasta cinco, o seis docenas | |
| | y veremos lo que pinta. | |

(Sale Nicanor.)

| | | |
|---|---|---|
| Nicanor | Señor, las damas esperan | |
| | para empezar el sarao. | |
| Seleuco | Hijo, por ver si te alegras | 1530 |
| | he mandado que las damas | |

|  |  |  |
|---|---|---|
| | vengan hoy a tu presencia | |
| | y hagan un sarao; con esto | |
| | puede ser que te diviertas. | |
| Antíoco | ¿Pues vienen todas, señor? | 1535 |
| Seleuco | Todas, hijo, hasta la Reina. | |
| Antíoco | Grande merced me habéis hecho, | |
| | que solo eso alivio fuera. | |
| Seleuco (Aparte.) | (Esto asegura el indicio; | |
| | retirarme de aquí es fuerza, | 1540 |
| | por que él todos sus afectos | |
| | no reprima en mi presencia.) | |
| | Ea, pues, tú te divierte, | |
| | que yo, por forzosa deuda | |
| | de mi oficio, a asistir voy | 1545 |
| | al despacho que me espera. | |
| (Vase.) | | |
| Luquete | Ya vienen las damas todas, | |
| | que lucida primavera | |
| | parecen, y juntas son | |
| | como banasta de peras, | 1550 |
| | que echa el hombre el ojo a una | |
| | y luego ve otra más bella, | |
| | y tras ella otra mejor | |
| | con que suspenso se queda, | |
| | sin saber cuál escoger | 1555 |
| | entre una y otra belleza; | |
| | pero también hay algunas | |
| | que parecen berenjenas. | |

| | | |
|---|---|---|
| Antíoco | ¿Salen, Luquete? | |
| Luquete | Ya salen; ya los músicos comienzan. Todas pasan por aquí para ir a tomar la vuelta. | 1560 |
| Erisístrato | ¿Cómo os sentís, gran señor? | |
| Antíoco | Esta esperanza me alegra. | |

(Salen los Músicos delante y todas las damas con sombreros de sarao, y van pasando por delante del Príncipe con reverencia, y la Reina sale la postrera.)

| | | |
|---|---|---|
| Músicos | «Al empeño de amor más lucido, sus flechas apresta la aljaba de Amor, y por verse en su esfera, la envían sus luces el alba, sus rayos el Sol.» Sobresáltase el Príncipe al ver a la Reina | 1565 |
| Antíoco | ¡Válgame Dios! ¿Qué veo? Toda el alma turbada me cubre un mortal hielo. | 1570 |
| Erisístrato | Ya está aquesta pasión averiguada, ¡qué empeño tan crüel, válgame el cielo! | |

(Llega la Reina a hacer la reverencia y el Príncipe se levanta arrebatado.)

| | | |
|---|---|---|
| Antíoco | Peregrina belleza, señora, ¿qué me manda Vuestra Alteza? | 1575 |
| Reina | Yo, señor, festejaros. | |

| | |
|---|---|
| | y a eso voy. Vase |
| Antíoco | ¡Ay de mí! Vanos reparos
son cuantos me previene mi silencio,
pues yo mismo a mi muerte me sentencio.
Dejadme ir a morir, que ya no quiero     1580
alivio, ya de vida desespero,
no quiero vida en penas tan crüeles.
[...] |
| (Sale el Rey.) | |
| Seleuco | ¿Qué es esto? |
| Erisistrato | Ya está el daño conocido. |
| Seleuco | ¿Qué dices? |
| Erisistrato | Sí, señor, ya lo he sabido;     1585
quedemos solos. |
| Seleuco | Príncipe, ¿qué tienes? |
| Antíoco | Trocarse ya los males en los bienes,
porque ya de vivir desesperado,
saber que he de morir me ha consolado.
Yo me voy a morir, solo te pido     1590
que me dejes morir, compadecido
de la vida que paso. |
| Luquete | Eso es matarte. |
| Seleuco | Hijo, vete a tu cuarto a sosegarte,
que eso es aprieto de melancolía |

| [A Luquete.] | y yo volverla espero en alegría.<br>Ve con él. | 1595 |

| Antíoco | Ya perdí la confianza,<br>solo en mi muerte llevo la esperanza. Vase | |

| Seleuco | Ya, amigo, que estamos solos,<br>no dilates el consuelo<br>de tu aviso, que mi vida<br>pendiente está de tu aliento. | 1600 |

| Erisistrato | Lo peor, gran señor, es<br>que dilatarlo no puedo. | |

| Seleuco | Pues, ¿por qué? | |

| Erisistrato | Porque este mal<br>no tiene ningún consuelo. | 1605 |

| Seleuco | Erisístrato, ¿qué dices? | |

| Erisistrato | Que el mal del Príncipe es cierto<br>que es amor, pero, señor,<br>es un amor sin remedio. | |

| Seleuco | ¿Amor sin remedio? | |

| Erisistrato | Sí. | 1610 |

| Seleuco | ¿Pues cómo puede ser eso? | |

| Erisistrato | Porque es amor imposible. | |

| Seleuco | ¿Es inhumano el sujeto? | |

| | | |
|---|---|---|
| Erisistrato | No es inhumano, señor. | |
| Seleuco | Pues si es humano, ¿en mi reino | 1615 |
| | qué imposible puede haber | |
| | que no le rinda mi imperio? | |
| Erisistrato | No le defiende el poder, | |
| | que eso, señor, fuera menos. | |
| Seleuco | Pues di quién. | |
| Erisistrato | La voluntad. | 1620 |
| Seleuco | Voluntad que a tal intento | |
| | puede resistir ¿cuál es? | |
| | Amigo, dímelo luego, | |
| | y no en taza tan penada | |
| | me estés dando ese veneno. | 1625 |
| Erisistrato | Creed, señor, que el callarlo | |
| | sin duda es decoro vuestro, | |
| | y cuando yo no os lo he dicho | |
| | y la respuesta rodeo, | |
| | entended que os está bien, | 1630 |
| | gran señor, el no saberlo. | |
| Seleuco | ¡Válgame el cielo! ¿Qué escucho? | |
| | Ya de preguntarlo tiemblo; | |
| | ¿amor imposible y tal | |
| | que el callarle es mi respeto? | |
| | ¿Y que me está bien dudarlo? | 1635 |
| | ¡Con qué de dudas peleo! | |
| | ¡Qué de recelos me asustan! | |

|||||
|---|---|---|
| | Llegar a saberlo temo, | |
| | mas, ¿por qué lo he de temer, | 1640 |
| | si está cometido el yerro? | |
| | ¿Dejará de ser error | |
| | porque lo ignore mi pecho? | |
| | Y caso que sea muy grave, | |
| | ¿qué mayor daño recelo | 1645 |
| | si a mí me mata la duda | |
| | y no se enmienda el empeño? | |
| | Erisístrato, yo estoy, | |
| | sea cual fuere, resuelto | |
| | a saber a quién adora. | 1650 |
| Erisistrato (Aparte.) | (¿Qué he de hacer? ¡Válgame el cielo! | |
| | Si al Rey le digo quién es, | |
| | un yerro grande cometo | |
| | habiéndome dicho a mí | |
| | que quiere con tanto extremo | 1655 |
| | a la Reina; si lo callo, | |
| | a su razón no obedezco; | |
| | entre callarlo y decirlo, | |
| | no puede haber ningún medio.) | |
| Seleuco | ¿No me respondes? ¿Qué dices? | 1660 |
| Erisistrato | Señor, si a eso estáis resuelto, | |
| | sanalde vos, que vos solo | |
| | le podéis dar el sujeto | |
| | que él adora. | |
| Seleuco | Pues, ¿quién es? | |
| Erisistrato | La Reina. | |

| | | |
|---|---|---|
| Seleuco | ¡Válgame el cielo! <br> ¿La Reina? | 1665 |
| Erisistrato | Sí. | |
| Seleuco | ¡Calla, calla! <br> Hombre, ¿qué has dicho? ¿qué has hecho? <br> Que el corazón me has pasado <br> con un puñal. | |
| Erisistrato | Esto es cierto. | |
| Seleuco | ¿La Reina? | |
| Erisistrato | Sí, gran señor. | 1670 |
| Seleuco | Mientes, mientes, ¡vive el cielo, <br> que en mi hijo caber no pudo <br> tan desesperado intento! | |
| Erisistrato | Señor, a la Reina adora. | |
| Seleuco | No lo pronuncie tu aliento. <br> ¡Ah, hijo traidor! ¡Ah, hijo aleve! <br> ¿Tal alevosía has hecho? <br> ¿Que en tu pecho consentiste <br> tan infame pensamiento? <br> ¿Yo te envío por mi esposa <br> y tú, atrevido y soberbio, <br> los ojos osas poner <br> en quien ha de ser mi dueño? <br> Pues cuando no te venciera <br> de padre el justo respeto, <br> el haberme yo fiado | 1675 <br><br><br><br> 1680 <br><br><br><br> 1685 |

            de ti bastaba a vencerlo.
            La confianza me agravias,
            hijo traidor, torpe y ciego;
            más que como hijo, de ti        1690
            como de amigo me ofendo.
            ¡Ah, villano! Más pedazos
            te he de hacer, ¡viven los cielos!,
            que tiene infamias tu culpa,
            que tiene átomos el viento.       1695
            Mas, ¡cielos! ¿Qué es lo que digo?
            ¿A mi hijo? ¿A quien yo tengo
            para mi segunda vida
            por alma de mis alientos?
            ¿Yo a mi hijo he de matar?         1700
            Aunque hay hijos que lo han hecho
            con sus padres, padre a hijo,
            no pienso que hay tal ejemplo.
            Yo he de estrenar el delito;
            mas en tan torpe suceso           1705
            no mata el padre a su hijo,
            sino a un enemigo fiero.
            ¡Pues muera el traidor mil veces!
            Hombre, vete, vete luego.
            No en ti mis iras comiencen        1710
            el castigo más sangriento
            que han de haber visto los siglos.
            ¡Vete de aquí!

Erisistrato      Ya te dejo.

Seleuco         Mas oye, aguarda.

Erisistrato      ¿Qué mandas?

| | | |
|---|---|---|
| Seleuco | ¿Lo que me dices es cierto? | 1715 |
| Erisistrato | ¿Yo, señor, he de engañarte? | |
| Seleuco | ¿En qué lo has visto? | |
| Erisistrato | En su incendio. | |
| Seleuco | ¿Cómo le viste? | |
| Erisistrato | En sus ansias. | |
| Seleuco | ¿Quién te las mostró? | |
| Erisistrato | El efecto. | |
| Seleuco | ¿De qué? | |
| Erisistrato | De su mismo ardor. | 1720 |
| Seleuco | ¿Y adora...? | |
| Erisistrato | Su mal es eso. | |
| Seleuco | ¿...a la Reina? | |
| Erisistrato | Sí, señor. | |
| Seleuco | ¿No hay duda? | |
| Erisistrato | Pluguiera al cielo. | |
| Seleuco | ¿Que no hay remedio en el daño? | |

| Erisistrato | No le hallo. | |
|---|---|---|
| Seleuco | Pues vete luego,<br>que hoy ha de morir el uno<br>entre Antíoco y Seleuco. | 1725 |

Fin de la segunda jornada

## Jornada tercera

*Sale[n] la Reina y Floreta*

Reina
Si yo no me entiendo a mí,
en vano entenderme quieres.

Floreta
Señora, hay en las mujeres       1730
un secreto para sí,
y éste ninguna le ignora,
y yo algo dél en ti he visto.

Reina
Pues del dolor que resisto,
¿qué es lo que piensas ahora?    1735

Floreta
Por ese cuidado lacio
que traen tus melancolías
ha ya más de quince días
que no hay merienda en palacio.
Las damas, viendo este error    1740
que en ellas es sin igual,
andan pensando en tu mal.

Reina
¿Y qué piensan?

Floreta
Que es amor,
porque no hay cosa criada
que haya podido quitar           1745
a una dama el merendar,
sino estar enamorada.

Reina
¡Qué desatinado error!

Floreta
¿Eso respondes ahora?

|  |  |  |
|---|---|---|
| | ¿Pues tú no tienes, señora, | 1750 |
| | a quien tener justo amor? | |
| Reina | Y cuando sea a mi esposo, | |
| | como es cierto, ¿te parece | |
| | que a mí ese amor me entristece? | |
| Floreta | Pues, señora, ¿no es forzoso? | 1755 |
| Reina | ¿Por qué? | |
| Floreta | ¿No es claro el indicio? | |
| | Porque hasta aquí tu persona | |
| | es como llave capona: | |
| | esposa sin ejercicio. | |
| Reina | Cuando a mí me quiera hacer | 1760 |
| | mujer común tu porfía, | |
| | mi pena es melancolía, | |
| | que aun yo no puedo entender. | |
| Floreta | Señora, ¿pues siendo tal | |
| | su mal te ha pegado a ti | 1765 |
| | el Príncipe? | |
| Reina (Aparte.) | (Ahora sí | |
| | que has conocido mi mal. | |
| | ¡Ay de mí! Que en tal pesar | |
| | mi pecho se llega a ver, | |
| | que es delito el padecer | 1770 |
| | y no me puedo quejar.) | |

(Sale Luquete.)

| | | |
|---|---|---|
| Luquete | ¡Dios mío, qué gran descoco! | |
| Reina | ¿Qué es eso? | |
| Luquete | Te admirará,<br>señora: el Príncipe está<br>en todo su juicio loco. | 1775 |
| Reina | ¿Qué dices? | |
| Luquete | Lo que refiero. | |
| Reina | ¿Perdió el sentido? | |
| Luquete | Burlando. | |
| Reina | ¿Cómo le perdió? | |
| Luquete | Jugando. | |
| Reina | ¿Y con quién? | |
| Luquete | Con un fullero. | |
| Reina | ¿Búrlaste? | |
| Luquete | El daño no ignores,<br>que contigo le ha perdido,<br>porque tú el fullero has sido,<br>que le has ganado con flores. | 1780 |
| Reina | ¿Yo? | |
| Luquete | ¿Y deso te maravillas? | |

| Reina | ¿Qué flores? |
| Luquete | Las que él no toca: 1785
los claveles de tu boca,
las rosas de tus mejillas.
Viote el Príncipe primero,
y amor diciendo «aquí encaja
bien el juego», una baraja 1790
plantó como garitero.
Fue el juego al quince envidado,
donde es cierta la maldad,
pues siendo el punto la edad,
tú le llevabas ganado. 1795
Diote a ti un quince preciso,
que es el punto que tuviste,
tú que con quince te viste,
le envidaste y él te quiso.
Tenía, según parece, 1800
trece el Príncipe, y no osó
pedir más, con que perdió,
pero se quedó en sus trece.
Y aunque más pidiera, es llano
que allí perdiera un sinfín, 1805
pues con la flor del jazmín
le ganaras por la mano. |
| Reina | ¡Cielos! ¿Qué es lo que he escuchado? |
| Luquete | Que por ti, como has oído,
el Príncipe está perdido. 1810 |
| Reina | ¿Por qué? |

| | | |
|---|---|---|
| Luquete | Porque le has ganado. | |
| Reina | ¿Ya se ha sabido su error? | |
| Luquete | Más, ¡vive Dios!, bien mirado, que estar de ti enamorado no ha sido el yerro mayor, aunque tú seas su madre. | 1815 |
| Reina | ¿No es ese el yerro mayor? | |
| Luquete | No, señora, que peor fuera estarlo de su padre. | |
| Reina | ¿Y el Rey sabe? | |
| Luquete | No estudió y no sabe. | 1820 |
| Reina | ¿Estás en ti? Su amor digo. | |
| Luquete | ¿Su amor? Sí, pero gramática no. | |
| Reina | ¡Ya éste es mal desesperado! ¿Qué ha dicho, si esto ha sabido? | 1825 |
| Luquete | Como había suspendido su boda, el Rey se ha quedado viendo que tu imagen bella de amor al Príncipe inflama, como al que soplan la dama, porque no comió con ella | 1830 |

| | | |
|---|---|---|
| Reina | ¡Gran desdicha! | |
| Luquete | Extraña y dura,<br>pero ya se va enmendando,<br>porque andan todos echando<br>juicios sobre su locura. | 1835 |
| Todos | traen gran alboroto:<br>¿con qué desenamoralle?<br>[Y es lo mejor el casalle]<br>y en esto di yo mi voto. | |
| Reina | ¿Pues qué has dicho tú? | |
| Luquete | Yo digo,<br>que el remedio que hay mejor<br>para quitalle el amor<br>es el casarle contigo. | 1840 |
| Floreta | ¿Pues eso no es necedad? | |
| Luquete | Tú eres el mejor testigo<br>de que es verdad lo que digo.<br>Yo vi tu hermosa deidad<br>y quedé al verla sin mí,<br>caseme, y con ser liviano,<br>desde que te di la mano,<br>no me he acordado de ti.<br>Quien quiere a su dama bella<br>es por temerla perder,<br>siendo propia la mujer,<br>es imposible perdella.<br>No hay más medio que eligir | 1845<br><br><br><br><br>1850<br><br><br><br><br>1855 |

|  |  |  |
|---|---|---|
| | para desenamorar, | |
| | porque el remedio es pensar | |
| | que no se puede morir. | |
| | Y no hay más que encarecer, | 1860 |
| | que habiéndola él asistido, | |
| | hay doctor que no ha podido | |
| | enviudar de su mujer. | |
| Floreta | ¿Pues muchos hombres no ha habido | |
| | que se murió su mujer? | 1865 |
| Luquete | De rabia de no poder | |
| | enterrar a su marido. | |
| | Mas el Rey viene, señora, | |
| | y él te dirá su desvelo. | |
| Reina | ¿Qué hará el Rey? ¡Válgame el cielo! | 1870 |
| | Mas yo también, ¿qué haré agora? | |

(Sale el Rey.)

| Seleuco | Favor al cielo le pido: | |
|---|---|---|
| | ¿qué intentará mi cuidado, | |
| | del Príncipe enternecido, | |
| | de mi afecto provocado | 1875 |
| | y de su culpa ofendido? | |
| | ¡Fuerte empeño a mi grandeza! | |
| | Pero la Reina está aquí. | |
| | Señora, ¿aquí Vuestra Alteza? | |
| Reina | Yo, señor, que os tengo en mí | 1880 |
| | os miro sin extrañeza. | |
| Floreta | Cierto que el Rey es brioso, | |

|           |                                          |      |
|-----------|------------------------------------------|------|
|           | de galán está hecho un brinco            |      |
|           | y es mozo que aún no es roñoso.          |      |
| Luquete   | Es que como anda celoso,                 | 1885 |
|           | se ha puesto de veinte y cinco.          |      |
| Reina (Aparte.) | (De temor, de hablarle dejo.)      |      |
| Seleuco (Aparte.) | (No sé a quién pedir consejo.)   |      |
| Luquete   | Todo esto parará en gozo.                |      |
| Floreta   | ¿Con qué?                                |      |
| Luquete   | Con que aqueste viejo                    | 1890 |
|           | no quisiera ser tan mozo.                |      |
| Reina     | Más triste y suspenso agora              |      |
|           | parece, señor, que os vi                 |      |
|           | que otras veces.                         |      |
| Seleuco   | Sí, señora,                              |      |
|           | porque la causa empeora.                 | 1895 |
|           | Retiraos todos de aquí.                  |      |

(Vanse [Floreta y Luquete])

| (Aparte.) | (Esto ha de ser, mis antojos |  |
|-----------|------------------------------|--|
|           | cedan hoy a mi sosiego.)     |  |
| Reina (Aparte.) | (Temblando estoy los enojos |  |
|           | del Rey, que está por los ojos | 1900 |
|           | echando llamas de fuego.)    |  |

| | | |
|---|---|---|
| Seleuco | Señora, yo os vengo a hablar | |
| | en un caso tan atroz, | |
| | que no sé cómo empezar, | |
| | porque temo no acabar | 1905 |
| | sin que me falte la voz. | |
| | El empeño que refiero | |
| | es, señora, lo primero, | |
| | entre vuestra estimación | |
| | y mi propia obligación, | 1910 |
| | y lo que al Príncipe quiero. | |
| | Mirad en tal competencia, | |
| | qué razón habrá que cuadre | |
| | de vuestra fe a la decencia, | |
| | de mi amor a la violencia | 1915 |
| | y la obligación de padre. | |
| | En empeño tan crüel | |
| | no se vio pecho ninguno, | |
| | padre, esposo, amante y fiel, | |
| | pues entre mí, vos y él, | 1920 |
| | hoy he de faltar al uno. | |
| | Faltarme a mí es tiranía, | |
| | faltarle a él, impiedad, | |
| | faltar a vos, grosería; | |
| | mirad, señora, qué haría | 1925 |
| | aquí vuestra voluntad. | |
| | Y por que mi confusión | |
| | sepáis del todo, señora, | |
| | del Príncipe la pasión | |
| | es que os rindió el corazón: | 1930 |
| | por vos arde y por vos llora. | |
| | No os turbéis, que solo están | |
| | sus yerros en el acierto | |
| | de su amor: tras él se van, | |
| | sin ser culpa del imán | 1935 |

las liviandades del hierro.
Apenas, señora, oí
tal delito, cuando entré
a verle, a matarle fui,
mas no pude, y esto fue                 1940
porque no me habló, y le vi
que, como yo iba ofendido
de oír sus ciegos antojos
y le vi callar rendido,
vieron su pena los ojos                 1945
y no su culpa el oído.
Viendo lo que le maltrata
su pena, no osé mover
al golpe la mano ingrata
y dije: si ella le mata,                1950
¿qué me queda a mí que hacer?
Si su estrella le destina
a este amor, y es tan mi amigo,
que vence lo que le inclina,
su pasión antes es digna                1955
de premio, que de castigo.
Y pues es cierto que no
fue elección, sino violento
destino que le arrastró,
de su pena debo yo                      1960
premiar el merecimiento.
El empeño es bien crüel,
pues espero entre los dos
verme sin vos y sin él,
mas me veo siendo infiel                1965
sin mí, sin él y sin vos.
Vos os habéis de mirar
como suya desde aquí,
que yo no he sabido hallar

|  |  |  |
|---|---|---|
| | otro modo de no estar | 1970 |
| | sin él, sin vos y sin mí. | |
| | Y no penséis que, infiel, | |
| | falto a vuestra estimación | |
| | por quererle más a él, | |
| | que ansí os doy el corazón | 1975 |
| | donde le tengo más fiel: | |
| | en él, señora, os poseo, | |
| | y él me tiene a mí consigo. | |
| | Logradme, pues, el deseo, | |
| | porque ansí solo me veo | 1980 |
| | con él, con vos y conmigo. | |
| | Y si acaso mi aflicción | |
| | se deja reconocer | |
| | en tan dura petición, | |
| | sírvame de intercesión | 1985 |
| | lo que me veis padecer. | |
| Reina (Aparte.) | (¡Cielos! ¿Si esto será industria | |
| | del Rey por saber si hay causa | |
| | en mi pecho de su amor?) | |
| | Señor, vuestra voz me halla | 1990 |
| | sin voz para responderos, | |
| | porque ésta que alienta el alma, | |
| | es un eco de la vuestra, | |
| | donde solo al pronuncialias | |
| | el uso no más es mío, | 1995 |
| | y vuestras son las palabras. | |
| | Desde que a ser vuestra esposa | |
| | me trajo mi suerte grata, | |
| | vine yo sin albedrío, | |
| | porque todo os le dio el alma, | 2000 |
| | quedando solo la parte | |
| | que a mi obediencia le basta. | |

|              | Quien vive sin albedrío
no tiene acción voluntaria;
vos, que le tenéis por mí,                    2005
si ésa es sentencia, acetalda,
y si es gusto, agradecelde,
que en mi voluntad, quitada
la parte que os obedece,
toda la demás me falta.                       2010 |

Seleuco        A qué mal tiempo, señora,
               hace de hermosuras tantas
               demonstración vuestro ingenio,
               pues hoy las pierde y las halla
               mi amor. Mas, agradeciendo          2015
               la agudeza y la templanza
               con que me habéis respondido,
               licencia os pido a que vaya
               a hablar al Príncipe en esto.

Reina          Tampoco esa circunstancia           2024
               alcanza mi voluntad,
               solo en mi obediencia manda.

(Sale Luquete.)

Luquete        Señor, el Príncipe ya
               sabiendo que tú le llamas,
               de su obediencia alentado,          2025
               entra en tu cuarto.

Seleuco                     Esto falta
               por vencer en mi pasión.

Luquete (Aparte.)   (Aquí se ha de ver si ama

**94**

|  |  |  |
|---|---|---|
|  | más a la Reina que al hijo, | |
|  | pero si su amor se iguala, | 2030 |
|  | lo que yo hiciera sería | |
|  | partir por medio a la dama.) | |
| Seleuco | Dejadnos solos, señora. | |
| Reina (Aparte.) | Ya me voy. (¡Albricias, alma!) | |
| Seleuco | Terrible acción he resuelto. | 2035 |
| Reina (Aparte.) | (¡Dichosas fueron mis ansias!) | |
| Seleuco (Aparte.) | (Lo que he dicho aún no he creído.) | |
| Reina (Aparte.) | (Ya él viene, ¡quién le avisara!) | |

(Vase.)

(Salen el médico y Antíoco.)

| | | |
|---|---|---|
| Erisistrato | Aquí, señor, os espera. | |
| Antíoco | ¿No sabéis a qué me llama? | 2040 |
| Erisistrato | No, señor. | |
| Antíoco | Temblando llego. | |
| Luquete | ¡Vive el cielo, que ésta es maula! | |
| Antíoco | A vuestros pies, gran señor. Vengo a ver lo que me manda Vuestra Alteza. | |

| | | |
|---|---|---|
| Seleuco | Llegad silla; sentaos. | 2045 |
| Antíoco (Aparte.) | (¡El cielo me valga!) | |
| Seleuco | Retiraos todos ahora. | |
| Luquete (Aparte.) | (Si el Rey se hace hombre, la saca, que mi amo tiene mal juego, pero si el Príncipe arrastra, ha de renunciar el viejo, con que la polla le gana.) | 2050 |

(Vase.)

| | | |
|---|---|---|
| Seleuco (Aparte.) | (Temblando estoy de mí mismo, quiera el cielo que mi saña en la reprehensión se temple.) | 2055 |
| Antíoco (Aparte.) | (Con el semblante me espanta.) | |
| Seleuco | Ya vos, Príncipe, sabéis los cuidados que me causan vuestros males, pues mis bodas solo por vos se dilatan. Yo, aplicando los remedios que debe la vigilancia de mi amor a vuestra cura, conocí de vuestras ansias la causa por el efecto, cuyo dolor llegó al alma tan poco dél defendida, que a traición tan desusada | 2060<br><br><br>2065 |

|  |  |  |
|---|---|---|
|  | no supo hacer resistencia; | |
|  | que a ingratitud tan tirana, | 2070 |
|  | aun prevenido del golpe, | |
|  | fuera difícil hallarla. | |
|  | Yo, en fin, sé vuestra dolencia. | |
| Antíoco | Señor... | |
| Seleuco | No me habléis palabra, | |
|  | que mi enojo solo a oírme | 2075 |
|  | y no a responderme os llama. | |
| Antíoco | De piedra seré, señor. | |
| Seleuco | Esa diligencia os valga | |
|  | para que aquí no os abrase | |
|  | el fuego de mis palabras, | 2080 |
|  | pero si para ofenderme | |
|  | tuvistes dureza tanta, | |
|  | poco os costará el ser piedra. | |
| Antíoco (Aparte.) | (Sí hará, que ya estoy sin alma.) | |
| Seleuco | Supuesto que ya os he dicho | 2085 |
|  | que he conocido la causa | |
|  | de vuestro mal, ya también | |
|  | sabréis que sé vuestra infamia. | |
|  | ¡Vuestra infamia!, no extrañéis | |
|  | en mi labio esta palabra, | 2090 |
|  | que más deshonesta ha sido | |
|  | vuestra culpa, y siendo tanta, | |
|  | por no mataros con ella | |
|  | no me atrevo a pronuncialla. | |
|  | Como padre, como amigo | 2095 |

y como rey, hoy se halla
de vuestro error ofendida
mi majestad soberana.
Como hijo, vuestra culpa
sacrílegamente osada                2100
fue contra Dios, contra mí
y contra sí misma ingrata.
Quien pierde al padre el respeto,
a su mismo ser ultraja,
pues ¿a quién perdonará             2105
quien a sí mismo se agravia?
Mas de las tres, esta culpa
es la más ocasionada,
pues a ella alentaros pudo
de mi piedad la esperanza.          2110
Como amigo habéis faltado
a la fe; aquí se adelanta
vuestro delito, pues fue
agraviar mi confianza.
Esta culpa es la más torpe:         2115
¿con qué fiera se compara
quien de la fe que le entregan
hace el puñal con que mata?
Mas también aquí hay motivo,
si vuestra traición tirana          2120
vio con el amor de padre,
la obligación disfrazada.
Como padre y como amigo
ya os movió la confianza
de mi amor, mas como rey,           2125
¿qué os alentó a injuria tanta?
¿Vos osáis poner los ojos
en quien es dueño de un alma
cuya imagen solamente

venera temblando el Asia? 2130

(Al paso que el padre se va enojando, va el Príncipe retirando la silla.)

¿No soy yo, Seleuco, quien
dio a Alejandro con su espada
más coronas que vasallos
tienen sujetos mis plantas?
¿Del brazo que el orbe asombra 2135
solo con el amenaza,
vos el golpe despreciáis?
¿No sabéis que, imaginada,
es cometida esta culpa?
¿No pudistis contrastalla 2140
primero que consentilla
y no dar a vuestras ansias
tanto lugar en el pecho?
¿Vos entregáis toda el alma
a deseo tan injusto? 2145
Que si yo le imaginara
solicitado de vos,
no tiene gotas el agua,
la tierra arenas, ni el aire
tiene átomos que igualaran 2150
los pedazos que os hiciera
en la abrasadora llama
de mi aliento. ¡Vive el cielo,
que ya volcanes exhala!

(Arrójase el Príncipe a los pies del Rey.)

Antíoco  ¡Padre mío, padre mío, 2155
ya yo estoy a vuestras plantas!
Si con la voz me habéis muerto,

|  |  |  |
|---|---|---|
| | ¿de qué sirve la amenaza? | |
| | Ya yo me muero, señor, | |
| | el corto plazo que falta | 2160 |
| | a mi vida os sacrifico, | |
| | quítemela vuestra espada. | |
| Seleuco (Aparte.) | (El alma me ha enternecido.) | |
| | Hijo, a mis brazos levanta. | |
| | ¡Oh, mal hayan mis enojos! | 2165 |
| | ¿Qué te ha de quitar quien trata, | |
| | para darte a ti la vida, | |
| | de despojarse del alma? | |
| | Hijo, ya el alma te he dado, | |
| | mira si la deseabas; | 2170 |
| | ni yo más te puedo dar, | |
| | ni tú de mí más aguardas. | |
| Antíoco | ¿Qué es lo que decís, señor, | |
| | que mi temor me acobarda? | |
| Seleuco | Hijo, que ya estás casado. | 2175 |
| Antíoco (Aparte.) | (¡Todo mi aliento me valga!) | |
| | ¿Con quién, señor? | |
| Seleuco | Con la Reina; | |
| | mira si tu amor me arrastra, | |
| | mira si a mi piedad debes | |
| | la traición con que me agravias… | 2180 |
| | Mas no me quiero acordar | |
| | de lo que te culpa, ¡basta! | |
| | Que compre yo tus alivios | |
| | tan a costa de mis ansias, | |
| | que para morir con ellas, | 2185 |

|   |   |   |
|---|---|---|
| | viendo lo que te maltratan, | |
| | a tu pecho se las quite | |
| | y a mi corazón las traiga. | |
| Antíoco (Aparte.) | (¡Válgame el cielo! ¿Qué escucho? | |
| | ¿Yo debo fineza tanta | 2190 |
| | a mi padre? ¿Que su amor, | |
| | por darme vida, se mata? | |
| | ¿Y yo no me sé vencer | |
| | por su amor? ¡Aquí del alma! | |
| | De la razón asistida, | 2195 |
| | contra mi pasión tirana | |
| | compítale mi fineza. | |
| | Y pues él me entrega el alma, | |
| | sepa volvérsela yo, | |
| | y en competencia tan alta, | 2200 |
| | a buen padre, mejor hijo, | |
| | y sea mía la palma, | |
| | que de pasión a pasión | |
| | yo le llevo la ventaja.) | |
| | Señor, suspenso he quedado | 2205 |
| | al escuchar que me casas | |
| | con la Reina. ¿Pues por qué? | |
| Seleuco | Tu pregunta es más extraña: | |
| | por lograr tu amor. | |
| Antíoco | ¿Qué amor? | |
| Seleuco | ¿Pues la pena que te mata | 2210 |
| | no es estar enamorado? | |
| Antíoco | ¡El cielo, señor, me valga! | |
| | ¿De la Reina yo...? | |

| | | |
|---|---|---|
| Seleuco | ¿Qué dices?<br>¿Pues no es tu amor quien te acaba? | |
| Antíoco | ¿A mí, señor? ¿Cuándo o cómo? | 2215 |
| Seleuco | Hijo, mira si me engañas<br>por respeto, que es en vano,<br>pues la costa de mis ansias<br>tiene ya el corazón hecha. | |
| Antíoco | Señor, cuando amor causara<br>mi pena, fuera a mi prima,<br>pues mi pecho la idolatra,<br>y por que creas que es cierto,<br>que mi mal tiene otra causa,<br>yo me casaré con ella,<br>que acaso con la mudanza<br>de estado, la habrá en mis males. | 2220<br><br><br><br><br>2225 |
| Seleuco | ¿Qué me dices? | |
| Antíoco | Que te engañas. | |
| Seleuco | Hijo, ¿es cierto? | |
| Antíoco | Sí, señor,<br>y si lo dudas, ¿qué aguardas<br>con tan fácil experiencia? | 2230 |
| Seleuco | Hijo, arrojarme a tus plantas<br>para pedirte perdón<br>de injuria tan mal pensada.<br>El alma, que ya en suspiros | <br><br><br>2235 |

|  |  |  |
|---|---|---|
|  | y en sentimientos te daba, | |
|  | te la daré en alegrías, | |
|  | pues me la vuelves con tantas. | |
|  | Iré a prevenir tus bodas | |
|  | y las mías, ¿qué dilata | 2240 |
|  | tu salud con esta dicha? | |
|  | Háganse juntas entrambas; | |
|  | a avisar voy a la Reina. | |
| Antíoco | ¿Señor? | |
| Seleuco | No me hables palabra. *Vase* | |
| Antíoco | ¡Válgame el cielo! ¿Qué he dicho? | 2245 |
|  | ¿Ya con la Reina se casa | |
|  | mi padre? Sí, y ya mi vida | |
|  | toca el punto donde acaba. | |
|  | ¿Ya murió mi amor del todo? | |
|  | Sí, también. ¡Ay, tristes ansias! | 2250 |
|  | ¿Pero yo por qué me quejo? | |
|  | ¿Cómo mi valor desmaya | |
|  | aquella razón valiente | |
|  | que me movió a desprecialla? | |
|  | Con tanto valor ahora, | 2255 |
|  | ¿cómo aquí me desampara? | |
|  | ¿No hizo aquí mi corazón | |
|  | con generosa arrogancia | |
|  | lo que a la razón debía? | |
|  | Pues ese alivio me basta. | 2260 |
|  | Muera yo mil veces, muera, | |
|  | y esta porción soberana | |
|  | triunfe en mí de mis sentidos, | |
|  | pues como Reina los manda. | |
|  | Pero si yo le entregué | 2265 |

mi corazón a la causa
de mi dolor, mi osadía
ya como ajeno le ultraja,
ya no era mío, suyo era,
y en dar su vida a las llamas, 2270
ofender lo que no es mío
es la pena que me mata.
Mas ¿mi padre no es primero?
Ansí la razón lo manda,
pues si la razón lo afirma, 2275
¿quién es el que la contrasta?
¿La razón no es la que reina
en las potencias del alma
y en los sentidos del cuerpo,
pues todos los avasalla? 2280
¿Quién contra ella se conjura?
¿Quién sus decretos quebranta?
El pueblo de los sentidos,
que la voluntad tirana
contra su reina acaudilla 2285
y, sediciosa, levanta
sus espíritus rebeldes,
que como plebe alterada
sin freno que los detenga,
entran a saco su alcázar, 2290
y contra ley y justicia,
la noble razón arrastran.
Pues ¡aquí de la nobleza,
que a la razón acompaña!
Discurso, ingenio y prudencia, 2295
que las principales basas
sois de aquesta monarquía.
¡Traición, que a la Reina matan!
Ya todos están presentes,

|   |   |   |
|---|---|---|
|  | ya la defienden y amparan. | 2300 |
|  | La razón se fortalezca, |  |
|  | y al tumulto de las ansias |  |
|  | cierre el oído las puertas |  |
|  | y la vista las ventanas. |  |
|  | Ya están cerradas. Pues miren | 2305 |
|  | si algún traidor está en casa. |  |
|  | La voluntad, como ciega, |  |
|  | quedó dentro de la saca, |  |
|  | presa está, pues muera ahora, |  |
|  | y aquí la traición se acaba: | 2310 |
|  | que, muerta la voluntad, |  |
| Todos | los otros desmayan. |  |
|  | *Sale la Reina* |  |
| Reina | ¿Príncipe? |  |
| Antíoco | ¿Señora? ¡Ay, cielos! |  |
| Reina (Aparte.) | (Él sabrá ya lo que pasa, |  |
|  | mas a mi decoro importa |  |
|  | disimular.) ¿No hay mudanza | 2315 |
|  | en vuestro mal? ¿Cómo os va? |  |
| Antíoco (Aparte.) | (El corazón me arrebatan |  |
|  | sus ojos, ¡ay de mí, triste, |  |
|  | que aquí la razón se acaba, | 2320 |
|  | porque ésta es otra traición |  |
|  | que estaba oculta en la sala!) |  |
| Reina | ¿No me respondéis? |  |
| Antíoco | Señora, |  |

|          | contra mí (el cielo me valga), |      |
|          | mi amor (sin vida respiro)     | 2325 |
|          | os perdió (yo estoy sin alma). |      |
|          | Mas ¿qué he de hacer, si de aleves |  |
|          | está la razón cercada?         |      |
|          | Que como eran contra ella,     |      |
|          | no cerraron de su alcázar      | 2330 |
|          | los ojos y los oídos,          |      |
|          | las puertas, ni las ventanas.  |      |

Reina     ¿Qué decís, que no os entiendo?

Antíoco   Que ya mi padre me daba
          la vida, mas mi respeto                   2335
          no se atrevió a dicha tanta.
          Yo me resolví a morir,
          no pensé que me costara
          tanto dolor, mas al veros,
          ya el corazón me traspasan                2340
          las flechas de vuestros ojos,
          cuyo veneno, en triaca
          pude volver y no quise.
          ¡Yo muero! ¡Mi vida acaba!

Reina     ¿Qué es lo que escucho? ¡Ah, traidor,    2345
          que has muerto a quien no pensabas!

Antíoco   Señora, señora mía,
          vos que estáis viendo mis ansias,
          enmendad lo que yo erré,
          si me amáis.

Reina     Locura extraña.                           2350
          ¿Qué decís, señor? ¿Yo amaros?

| | | |
|---|---|---|
| Antíoco | Pues si el Rey con vos me casa, | |
| | ¿no podéis amar? | |
| Reina | No sé. | |
| Antíoco | ¿Cómo no? | |
| Reina | Si él me casara, | |
| | me volvería el albedrío, | 2355 |
| | que es lo que ahora me falta, | |
| | para saber lo que hiciera. | |
| Antíoco | Bien hacéis. Vuestra constancia | |
| | le da ejemplo a mi respeto, | |
| | ¡muera yo y viva su fama! | 2360 |
| | Yo, señora, me retiro, | |
| | lo que os pido en mi desgracia | |
| | es que lástima tengáis | |
| | de mi muerte desdichada. | |
| Reina | No podré, que yo también | 2365 |
| (Aparte.) | moriré. (¡Ah, pasión tirana! | |
| | ¿Qué has dicho?) | |
| Antíoco (Aparte.) | (¡Ay, amor! ¿Qué escucho?) | |
| | ¿Qué decís? | |
| Reina | No digo nada. | |
| Antíoco | ¿Pues qué decís de morir? | |
| Reina | Que si el Rey, piadoso, trata | 2370 |
| | de daros a vos la vida, | |

|  |  |  |
|---|---|---|
|  | ¿por qué despreciáis la gracia? |  |
| Antíoco | Decís bien, mas no decís que su respeto me ataja; pero eso es cuando no os miro, que, en vuestra presencia, el alma... | 2375 |
| (Aparte.) | (Yo no sé lo que me digo, y en la violenta borrasca que la nave del discurso corre aquí, si amor no amaina, es fuerza hacerse pedazos árboles, velas y jarcias.) Adiós, señora. | 2380 |
| Reina | ¿Ansí os vais? |  |
| Antíoco | Es forzoso. |  |
| Reina | ¿Por qué causa? |  |
| Antíoco | Yo no puedo resistirme. | 2385 |
| Reina | ¿De quién? |  |
| Antíoco | De vuestra esperanza. |  |
| Reina | ¿Yo en qué la tengo? |  |
| Antíoco | En mi muerte. |  |
| Reina | ¿No sois vos el que la causa? |  |
| Antíoco | El enfermo, a quien la sed, de calentura, le abrasa, | 2390 |

el agua que le prohíben
pide con voz lastimada.
La que le asiste, piadosa,
enternecida a sus ansias,
le da el vaso por alivio, 2395
y con su piedad le mata.
Yo soy el enfermo aquí,
a quien el amor abrasa
con la ardiente calentura
de sus encendidas llamas. 2400
Vos, que me asistís piadosa,
oyendo mis tristes ansias
en el vaso del afecto,
me ponéis, en vez del agua,
el cristal de vuestra mano, 2405
que esta ardiente sed apaga.
Yo veo en ella mi alivio,
ella brinda mi esperanza,
yo a mi sed me precipito,
ella se acerca [a] apagalla. 2410
Yo mi peligro recelo,
vos me culpáis la templanza,
yo, de sediento, estoy ciego,
al labio el cristal me llama;
yo le procuro, él se llega, 2415
yo tras él voy, él me aguarda,
yo me abraso y él me alivia,
yo le bebo y él me mata.
Pues para que no se pierda
lo que por perderse falta, 2420
si algo hay que no esté perdido,
huya mi amor su esperanza,
que cuando yo haya templado
la ardiente sed que me abrasa,

|         | ¿qué importa que mi amor viva | 2425 |
|         | si me ha de matar la fama? |  |

(Vase.)

Reina     ¡Ay de mí! ¡Príncipe, escucha,
          no huyas de mí, no te vayas!
          ¡Ah, griego traidor, que has hecho
          Troya la ciudad del alma                    2430
          cuando introdujiste el fuego
          que mi corazón abrasa.
          ¿Viendo arder a mis sentidos
          huyes, cobarde, la llama?
          ¿Ahora, ¡ah cielos!, me dejas?              2435
          ¿Ahora, crüel, me faltas?
          Plegue a los cielos, tirano...
          ¿Pero qué digo? ¿Quién habla
          por mí? ¿Soy yo quien lo dice?
          ¡Ay, Dios! ¡Qué necias palabras!            2440
          ¿Me he olvidado yo de mí?
          ¿Pues mi entereza no basta
          a resistir este incendio?
          Por más que en mis venas arda,
          apáguele mi respeto,                        2445
          abra el decoro las arcas
          del agua, que prevenidas
          para estos riesgos... ¿Qué aguas?
          ¡Ay de mí! Que es tarde ya,
          que ya del soberbio alcázar                 2450
          del discurso, llamas brotan,
          claraboyas y ventanas,
          del chapitel al cimiento
          arden ya las torres altas,
          y sobre las mismas torres                   2455

                        alza otras torres la llama,
                        ya arden frisos y cornisas,
                        ya arden dinteles y jambas,
                        y el aire de mis suspiros
                        enciende lo que se apaga.                    2460
                        ¡Que se abrasan mis sentidos!
                        ¡Fuego! ¡Fuego!

(Sale Luquete con cadena.)

Luquete                 ¡Aquí está el agua!
                        ¿Hacia dónde está el fuego?
                        ¿Qué se quema?

Reina (Aparte.)         (¡Socórrame el sosiego!)
                        ¿Fuego aquí?

Luquete                 Sí, señora,                                  2465
                        fuego hay, si no es pulla, que tú ahora
                        fuego estabas diciendo.

Reina                   Débeslo de soñar.

Luquete                 Ansí lo entiendo,
                        que para ser durmiente,
                        vengo yo de beber bastantemente              2470
                        y a la salud de la boda.

Reina                   ¿Qué boda?

Luquete                 ¿En eso estás? La corte toda
                        hoy se casa a destajo.
                        Todo palacio va de arriba [a] abajo.
                        ¿No me ves con cadena? Yo estoy loco,        2475

|              |                                                                                      |      |
|--------------|--------------------------------------------------------------------------------------|------|
|              | que, a tanta boda, me parece poco<br>el no honrarla también con los tobillos,<br>y he estado por traer cadena y grillos. |      |
| Reina (Aparte.) | ¿Quién se casa? (¡Yo muero a pena tanta!) |      |
| Luquete      | El Rey, la Reina, el Príncipe, la Infanta,                                           | 2480 |
|              | y como yo he bebido,<br>que se casa la gata he presumido,<br>porque según entiendo,<br>más de treinta candiles estoy viendo.<br>¡Todo palacio es boda! | 2485 |
| Reina (Aparte.) | (¡Y tormento y dolor el alma toda!) |      |
| Luquete      | Boda influyen los astros de la esfera,<br>y hasta mi lavandera,<br>que siempre me los trae deshermanados,<br>los escarpines hoy trajo casados.<br>¿Tú, señora, no vas a prevenirte?<br>[…]<br>Mira que hay dos mil cosas en las bodas<br>y has de llevallas prevenidas todas. | 2490 |
| Reina        | ¿Y qué son?                                                                          |      |
| Luquete      | Una novia ha de ir turbada,                                                          | 2495 |
|              | derrengándose al modo de cansada,<br>llevar la vista gorda, y de este modo,<br>como que nada ve, mirallo todo.<br>En cada pie, moviendo una muralla, |      |
|              | que parezca que van a ajusticialla.                                                  | 2500 |
|              | Si la dijeren algo, el abanico<br>es respuesta, tapándose el hocico.                 |      |

No escupir: si hay saliva, adentro chupa,
que no hay doncella que la boda escupa.
Tierna de ojos, como hervor de olla, 2505
y si llanto no hay, darse cebolla.
Y en viendo al cura, reclinando el moño,
quedar más colorada que un madroño.
Y ostentando decoro para el necio,
fingir suspiro y resollar muy recio. 2510
Y por que el auditorio más se aturda,
trocar las manos y alargar la zurda;
decir el sí quedito y entre dientes,
que apenas le perciban los oyentes,
porque si luego el novio no le agrada, 2515
pueda decir después que fue forzada.
Y con esto y volver suspensa y muda,
aunque esté más alegre que [una] viuda,
cumple todas las leyes de la fiesta,
y va el novio diciendo «¡qué modesta!». 2520
Pero si no le agrada su consorcio,
a dos meses le da con el divorcio.

(Sale toda [la] compañía con cadenas; la Música y el Rey, Astrea detrás.)

Reina        ¡Cielos, sin alma estoy!

Luquete      Pero la boda
             entra en tu cuarto toda,
             ¿la música no ves? ¡Ay, Dios, qué bulla, 2525
             que hoy tiene entrada toda la garulla!

Músicos      «En sus apacibles nudos
             enlace, Amor, esta vez
             las hermosas majestades
             de la rosa y el clavel». 2530

**113**

| | | |
|---|---|---|
| Seleuco | Llegad, señora, a mis brazos,<br>donde con lazo amoroso<br>os restituye la dicha<br>que en nuevas albricias cobro. | |
| Reina<br>(Aparte.) | Yo, señor, soy quien las gana.<br>(Aliéntese mi decoro<br>y afectos dulces parezcan<br>los que son tristes sollozos.) | 2535 |
| Astrea | Aún no creo mi ventura,<br>que es tan grande el alborozo<br>con que me acerco a esta dicha,<br>que como mía la ignoro. | 2540 |
| Seleuco | Del Príncipe entrad al cuarto,<br>donde entrambos desposorios<br>se celebren, repitiendo<br>el dulce aplauso que gozo. | 2545 |
| Músicos | «En sus apacibles nudos<br>enlace, Amor, esta vez<br>las hermosas majestades<br>de la rosa y el clavel».<br>Sale al encuentro Erisístrato | 2550 |
| Erisistrato | ¿Cómo, señor, te permites<br>a festivos alborozos,<br>cuando está el Príncipe ya<br>en sus postreros ahogos? | |
| Seleuco | Erisístrato, ¿qué dices? | 2555 |

| | | |
|---|---|---|
| Erisistrato | Señor, que apenas tú proprio | |
| | en su cuarto le dejaste | |
| | prevenido al desposorio, | |
| | cuando de un frío sudor | |
| | el cuerpo cubierto todo | 2560 |
| | en un mortal parasismo, | |
| | se arrojó sobre mis hombros. | |
| | Señor, él queda muriendo. | |
| Seleuco | ¿Cómo es eso, si mis ojos | |
| | en ese instante le dejan | 2565 |
| | tan contento y tan brioso | |
| | que nunca le vi más libre | |
| | de sus males rigurosos? | |
| Erisistrato | Señor, todo eso fue aliento | |
| | de un pecho noble y heroico, | 2570 |
| | que viendo tu piedad quiere | |
| | excederla deste modo. | |
| | Él se muere de su amor. | |
| Seleuco | ¿Cómo puede, si yo propio | |
| | le daba a la Reina ya? | 2575 |
| Erisistrato | Siendo tu hijo, y valeroso, | |
| | dejándose morir antes | |
| | que permitirse al oprobrio | |
| | que su pecho se imagina | |
| | en usurparte este logro. | 2580 |
| Seleuco | Pues traelde a mi presencia, | |
| | que yo a dárselo estoy pronto. | |
| Erisistrato | No lo ha de acetar, señor. | |

| Luquete | ¿Qué es no? ¿Un hombre de negocios? |
| | ¡Pues protestalle la boda, | 2585 |
| | y pregonársela, y todo! |

| Seleuco | Más me obliga su fineza. |
| | Id por él luego vosotros. |
| | ¡Cielos! ¿Si esto será cierto? |
| | Señora, vos es forzoso | 2590 |
| | que habéis ya de ser su esposa. |

| Reina | Si él no lo permite, ¿cómo? |

| Luquete | Prenderle por que consienta |
| | las esposas. |

| Seleuco | Deste modo |
| | no lo podrá resistir. | 2595 |

| Luquete | Ya viene aquí; él será novio, |
| | o ver para qué nació. |

(Salen con el Príncipe.)

| Antíoco | A tus pies, señor, me postro, |
| | que si he de morir, en ellos |
| | vengo a morir más dichoso. | 2600 |

| Seleuco | Hijo, ya yo estoy casado, |
| | y por que veas que es forzoso |
| | que sea tu esposa la Reina, |
| | con Astrea me desposo. |
| | Sobrina, dame la mano. | 2605 |

| | | |
|---|---|---|
| Astrea | Señor, mejor suerte logro. | |
| Seleuco | Tú a la Reina se la da,<br>y por que este nombre heroico<br>no pierda aquí, la corona<br>de Tiro en su frente pongo. | 2610 |
| Antíoco | ¡Oh, padre! ¿Cómo pretendo<br>competir lo generoso<br>de tu fineza? A tus plantas,<br>agradecido, me arrojo. | |
| Seleuco | Ve a la Reina, que te espera<br>con ese abrazo amoroso. | 2615 |
| Antíoco | Ya se le doy con el alma. | |
| Reina | Y yo con ella la tomo. | |
| Luquete | Y con esto y con un vítor<br>que pide el ingenio a todos,<br>esta historia verdadera<br>aquí tiene fin dichoso. | 2620 |

Fin de la comedia

**Libros a la carta**

A la carta es un servicio especializado para
empresas,
librerías,
bibliotecas,
editoriales
y centros de enseñanza;
y permite confeccionar libros que, por su formato y concepción, sirven a los propósitos más específicos de estas instituciones.
Las empresas nos encargan ediciones personalizadas para marketing editorial o para regalos institucionales. Y los interesados solicitan, a título personal, ediciones antiguas, o no disponibles en el mercado; y las acompañan con notas y comentarios críticos.
Las ediciones tienen como apoyo un libro de estilo con todo tipo de referencias sobre los criterios de tratamiento tipográfico aplicados a nuestros libros que puede ser consultado en Linkgua-ediciones.com.
Linkgua edita por encargo diferentes versiones de una misma obra con distintos tratamientos ortotipográficos (actualizaciones de carácter divulgativo de un clásico, o versiones estrictamente fieles a la edición original de referencia).
Este servicio de ediciones a la carta le permitirá, si usted se dedica a la enseñanza, tener una forma de hacer pública su interpretación de un texto y, sobre una versión digitalizada «base», usted podrá introducir interpretaciones del texto fuente. Es un tópico que los profesores denuncien en clase los desmanes de una edición, o vayan comentando errores de interpretación de un texto y esta es una solución útil a esa necesidad del mundo académico.
Asimismo publicamos de manera sistemática, en un mismo catálogo, tesis doctorales y actas de congresos académicos, que son distribuidas a través de nuestra Web.
El servicio de «libros a la carta» funciona de dos formas.
1. Tenemos un fondo de libros digitalizados que usted puede personalizar en tiradas de al menos cinco ejemplares. Estas personalizaciones pueden ser de todo tipo: añadir notas de clase para uso de un grupo de estudiantes, introducir logos corporativos para uso con fines de marketing empresarial, etc. etc.

2. Buscamos libros descatalogados de otras editoriales y los reeditamos en tiradas cortas a petición de un cliente.

www.ingramcontent.com/pod-product-compliance
Ingram Content Group UK Ltd.
Pitfield, Milton Keynes, MK11 3LW, UK
UKHW041302180426
11947UKWH00009B/637